经问有道

墨羽客◎著

吉林文史出版社
JILIN WENSHI CHUBANSHE

图书在版编目（CIP）数据

经商有道 / 墨羽客著. -- 长春：吉林文史出版社，
2024. 9（2025.3重印）. -- ISBN 978-7-5752-0706-5

Ⅰ . F715

中国国家版本馆CIP数据核字第2024X96U91号

经商有道
JINGSHANG YOUDAO

出 版 人　张　强
著　　者　墨羽客
责任编辑　钟　杉
封面设计　李东杰
出版发行　吉林文史出版社
地　　址　长春市净月区福祉大路5788号
邮　　编　130117
电　　话　0431-81629357
印　　刷　三河市南阳印刷有限公司
开　　本　710mm×1000mm　　1/16
印　　张　10
字　　数　100千
版　　次　2024年10月第1版
印　　次　2025年3月第2次印刷
书　　号　ISBN 978-7-5752-0706-5
定　　价　59.00元

前　言

　　商人常有，但富甲一方的大商人却不常有。

　　在现代，商业早已成为推动社会进步的重要力量。然而，真正的商业巨擘，不仅在财富的积累上取得了卓越成就，更以其高尚的德行和深远的社会责任感，赢得了世人的尊敬。本书将带领读者深入探讨富甲一方的商人们如何行事，如何通过经商做人、广结人脉、转换视角、扬长避短、用劣势倒逼创新、稳扎稳打等多种手段，实现个人价值与社会贡献的和谐统一，做到真正的富甲一方。

　　在第一章中，我们会认识到小富靠智，大富靠德。商人的德行是其成功的关键，正如晋商乔致庸所展现的，他的道德约束和德智教育是其商业帝国长久不衰的基石。通过乔致庸等人的故事，我们了解到"在人下时把自己当人，在人上时把别人当人"这一理念的重要性。

　　在商业世界中，人脉的重要性不言而喻。在第二章中，通过胡雪岩等人的故事，阐述了"我为人人，人人为我"的合作精神。胡雪岩的慷慨和对合作伙伴的尊重，不仅为他赢得了多方的信任，也为他的商业帝国打下了坚实的基础。

商业是一场思维的游戏。在第三章中，我们将以吕不韦等人的商业智慧为例，展示如何将看似劣势的情形转化为优势。通过创新思维和灵活策略，商人可以在竞争激烈的市场中找到新的生存和发展空间。另外，在商业竞争中，了解并发挥自己的长处，规避或弥补短板，是企业生存和发展的关键。本章还将通过腾讯的案例，展示如何通过扬长避短的策略，实现在竞争中的逆转。

在商业中，持续的钻研和专注是通往成功之路的加速器。第四章以胡西园的电灯泡制造历程为例，强调了钻研精神的重要性，以及如何通过不懈努力和持续创新，实现从零到一的突破。

除此之外，商人还要懂得精准把握时机、发现和挖掘人才、进退有度以及游刃有余。在第五章到第七章，通过古代大商人习间和近现代大商人胡雪岩、宋炜臣和陈天桥等人的事例将对此有所体现。

商业成功之后，商人们应关注社会，积极回馈。在最后一章，本书会通过经元善的故事，讲述商人如何在赚钱的同时，关注社会问题、参与公益活动，以此促进个人成长和社会进步。

通过阅读本书，我们能够看到，富甲一方的商人不仅在商业领域取得成功，更在社会责任和个人品德上做出表率。他们的故事和经验，为我们提供了宝贵的启示：在商业世界中，智慧、德行和创新精神，是实现真正富甲一方的关键。

目　录

第七章　进退有度，坚持放弃都要有智慧

第八章　事业有成，反哺社会更有益

第一章
德行配位，经商做人万事顺

▶ 小富靠智，大富靠德 ◀

很多人会觉得，经商最重要的是个人的能力，同时也离不开经验的积累与广泛的人脉。

也许，做一个小商人，有这两点就足够了。但我相信看这本书的你，肯定不满足只做一个小商人。那么，小商人与大商人之间的差别是什么呢？

差别是"德"。

"小富靠智，大富靠德"说的也正是这一点。

商人拼到最后，拼的其实就是"德"。因为能在商海中生存下来的人，智商和能力都差不多，将小商人与大商人区分开来的，就是"德"。

这就像专业和业余的区别一样。以踢足球为例，一个人只要每周花点儿时间踢足球，他就能比平时不踢球的人踢得好，而且这种差距是明显的。但他踢得再好，也无法和专业的运动员相比。如果我们将踢足球划分成两个阶段，前一个阶段是从不及格到及格，那么凭借个人的努力很容易就能跨过这条线。一个人只要多花点儿时间与功夫，哪怕只是一些笨功夫，也能踢到及格。后一个阶段则是从及格到卓越。到了这一步，个人的努力就不再那么重要了。一个人就算再努力，可能也只是一直在及格线上挣扎，要想从及格跃升至卓越，要靠天赋。

乔致庸是清代晚期鼎鼎有名的晋商，他的成就更多来自于他对自身道德的约束与对后辈的德智教育。

一直以来，饥荒都是人民的苦难。1877 年，一场巨大的天灾来袭，横扫中国北部的"丁戊奇荒"进入了高潮。当时，太平天国运动才刚刚结束，朝廷在列强之间也如履薄冰，脆弱的清政府难以组织起有力的抗旱救灾行动，人民的生活苦不堪言。

在这百年一遇的特大旱灾中，农田干旱，蝗虫肆虐，瘟疫流行，华北大地在短短四年间就减少了 1000 万人口。山西祁县更是重灾区，流传出了"光绪三年，人死一半"的说法。

在祁县这片古老的土地上，在那个动荡的年代里，乔致庸的名字如同一束温暖的阳光，照亮了无数绝望的心灵。作为当地有名的大商人，他不仅以智慧和勤劳积累了丰厚的财富，更以博大的胸怀和无私奉献的精神赢得了人们的敬仰。

当灾难降临，许多人陷入饥饿和困境时，乔致庸没有犹豫，他毫无怨言地承担起了救助灾民的重任。他深知，作为一个有影响力的人，他的举动能够带动更多的力量参与救援。因此，他首先从自己的家庭做起，让家里各房都减少用度，节约下来的粮食和资金全部用于救灾。

在那个艰苦的岁月里，乔家的日常饮食也发生了明显的变化。原本丰盛的餐食变得简单朴素，一月到头都吃不上几顿肉。

对搭粥棚救灾民，乔致庸更是严格。他只有一个要求："筷子插上不倒。"这意味着，粥必须熬得浓稠，以确保那些常年吃不饱饭的灾民能够在乔家粥棚吃上一顿饱饭。这一举措，无疑给了许多绝望中的人们一线生机。

对外人尚且如此，对同村的乡亲他更是有求必应。在乔家大院的"在中堂"，乔致庸总是热情地接待着前来求助的乡亲们。无论是谁家有人病了买不起药，或是谁家父母去世买不起棺材，乔致庸都会慷慨解囊，派人送去银两，帮助他们渡过难关。

在乔致庸的影响下，整个乔家都形成了一种乐于助人、无私奉献的良好风气。即便是有佣工偷家里的东西被抓现行，乔致庸也是一副菩萨心肠："家里东西多，不差这一件，再说因为有困难才会偷，随他去吧。"这种宽容和理解的态度，让人们更加敬佩他的为人。

乔致庸的一生，可以用一句话来概括："在人下时把自己当人，在人上时把别人当人；手握财富而不骄，始终俭以修身、平以待人。"他用自己的行动诠释了什么是真正的商人的品格。他的高尚品质和无私奉献的精神，可谓难得。

那么问题来了，乔致庸的"德"，又为他带来了什么呢？

1911 年，辛亥革命席卷中华大地，这场革命成为了中国发展的转折点，也对乔家的事业带来了前所未有的冲击。革命的爆发，使得原本稳健运行的贷款业务在一夜之间全面萎缩，这让乔家的经济遭受了巨大的打击。

更为严重的是，乔家票号遭遇了挤兑风潮，乔家的资金链几乎面临断裂的危险。在那样一个时代背景下，包括乔家在内的晋商元气大伤。

回顾乔家的兴衰历程，其能够在历次劫难中挺过来，与伙计们的恋旧以及乡亲们的无私帮助分不开。

在辉煌五百年、纵横九万里的晋商中，乔家多年行善积德、扶弱济困。而时代也以这样的方式，给出了一个最体面的落幕。

有德者，天助之。无论怎样的商业道路，最终胜出的都是有德者。那些无德者，纵使能够靠自私自利和坑蒙拐骗的方式一时风光，但早晚有一天会露出破绽，从而衰落谷底，被众人唾弃。

很多人并不清楚小富与大富之间的区别。比如，一个卖假冒伪劣产品的人，赚了 1000 万元；另一个人兢兢业业做生意，只赚了 100 万元。这两个人，哪个是小富，哪个又是大富呢？

有些人单纯地比较数字大小，认为赚 1000 万的人是大富，赚 100 万元的人是小富。

其实，这种想法错了。

金钱就像流水，是不断流动的，并不是静止的。那个赚了 1000 万元的人，看上去好像赚得比后者多，但他的这种财富处于极不稳定状态，随时都可能清零，他本人也始终面临犯罪被处罚的风险。因此，他的 1000 万元给他带来的不是富，而是危。而后者虽然只赚了 100 万元，但他的财富相对来说比较稳定，假以时日，谁又能说他一定赚不到 1000 万元，甚至更多呢？

▶▶ 勿忘初心的关键是真诚 ◀◀

大商人都有哪些特点？

对于这个问题，不同的人会给出各种五花八门的答案。但是在我观察了众多富甲一方的大商人后，我发现有一点非常重要，那就是真诚。

真正厉害的功夫，往往招式简单。虽然很多人都知道，但绝大多数人看不上。正如老子所言："天下莫能知，莫能行。"

很多人在赚了一点儿小钱之后，就开始摆架子，觉得自己"天下无敌"了，甚至瞧不起其他人，这就是一种不真诚的表现。

实际上，真正赚了大钱的大老板，大都是平和谦卑的，这种平和，也正是他们真诚的体现。他们并不会用外在的金钱与富贵来包装自己，而是之前什么样，现在还什么样。

刘永行是中国改革开放后成功发现并开发农业商业价值的企业家，他与其兄妹共同创建的希望集团是中国最大的饲料企业。该企业在竞争中击败国际品牌，稳固了市场地位。刘永行因此获得多项荣誉，如"中国饲料大王""优秀民营科技企业家"称号等。2001 年，希望集团以 83 亿元资产位列《福布斯》中国内地富豪榜榜首，刘永行成为依靠农民群体致富的"中国首富"。

人的性格似乎是与生俱来的。即使是事业蒸蒸日上、不愁吃喝时，刘永行也依旧保持着他性格中朴实的一面。

有一次，《福布斯》杂志的摄影师来到刘永行的家中，准备为他拍摄照片。作为全球具有较强影响力的财经杂志之一，《福布斯》一直关注着"中国首富"的生活和财富状况。

然而，当摄影师赶到现场时，他惊讶地发现，站在面前的富豪并没有穿着华丽的西装或昂贵的名牌服饰，而是只穿了一件简单的棉衬衫。这件衬衫看起来非常普通，没有任何奢华的装饰或标志。但正是这件看似平凡的衬衫，让刘永行展现出了随和和亲切。

据刘永行回忆，这件衬衫是他在一次购物时偶然发现的。当时他正在超市购物，看到了这件衬衫，觉得它非常适合自己，于是毫不犹豫地购买了 10 件。每件衬衫的价格是 40 元，对于身价数十亿的"中国首富"来说，这无疑是一个非常节俭的选择。

正是这种朴素和节俭的态度，让刘永行赢得了更多人的尊重和喜爱。他没有因为自己的财富地位而追求奢侈的生活，反而保持着一颗平常心，过着简单而真实的生活。相信正是这种品质让他在商业领域取得了巨大的成功，成为了一位备受尊敬的企业家。

一名曾经接待过刘永行的服务员回忆道，刘永行给人的第一印象是平易近人、毫无架子。他的穿着非常朴素，不追求奢华，与普通人无异。饮食方面也十分简单，他经常选择馒头片和稀粥作为餐点，这种朴素的饮食方式让人感到亲切。

这让人不禁对刘永行产生了更多的敬意和好奇。刘永行不仅在商业领域取得了巨大的成功，积累了巨额财富，而且在生活中保持了一颗平常心，不因财富而改变自己的生活态度和价值观。他的举止和言谈都透露出一种深深的谦逊和真诚，时刻让人感受到他的人格魅力。

还有一次，刘永行临时决定前往北京，司机便将他送至机场。

在购票的过程中，售票员仔细地打量了他一番后询问道："您是不是希望集团的刘永行先生？"他点了点头，确认了自己的身份。

这时，售票员又问道："那么，您是否考虑购买头等舱的机票呢？"然而，刘永行却选择了普通舱。这一选择让售票小姐有些惊讶，她小声嘀咕着："普通舱啊，普普通通的，似乎并没有什么特别之处。"

听到这话，刘永行却哈哈大笑起来。他解释道："其实，我就是一个非常普通的人，我更愿意过一种普通人的生活。"这句话透露出他对生活的谦逊态度和对平凡生活的偏爱。他并不追求奢华与显赫，而是更看重内心的平静与满足。这种态度让人不禁对他产生更深的敬意。

刘永行对自身的事业有着深深的热爱，这种热爱体现在他对工作的每一个细节都投入了极大的关注和精力。他有一个特别的习惯，那就是每当他下到生产线时，总会亲自尝一下饲料。这一举动看似简单，却蕴含着他对产品质量的严格要求和对消费者负责的态度。

尽管刘永行的财富足以让他过上奢华的生活，他却选择了这样一条简朴的道路。这种选择在一些人看来可能难以理解，甚至会嘲笑他。然而，刘永行对此却从不烦恼，他甚至自嘲地引用四川的一句俗话来描述自己："不抽烟、不喝酒、不打麻将、不跳舞，一定是个'二百五'。"他还补充道："才子佳人的吹拉弹唱、琴棋书画，我一概不懂，所以我真是个'二百五'。"这样的自嘲不仅展现了他的幽默感，更体现了他对生活豁达和超脱的态度。

对于财富，刘永行有着自己独特的看法。他认为，即使按照现在相对较高的生活标准来看，1000万元也已经足够一个人过上一辈子了。这并不是说他不重视财富，而是他更看重财富背后的价值和意义。他深知财富只是生活的一部分，而不是生活的全部。因此，他对待财富的态度是淡然的，既不过分追求，也不过分依赖。

2001年，中央电视台评选年度十大经济人物时，对刘永行的评价是这样的："他对财富的理性认识，让我们看到了积极的财富观念和财富本身价值相等。"的确，作为中国首富的刘永行能够保持着这样的生活态度，唯一的解释是他对财富已有了理性的认识。以他的经济实力，奢侈与繁华伸手可及，但他却选择了平实朴素，因为他并不把拥有的财富当成是自己独有的。

刘永行说："创业时，我们用自己的劳动换取财富，让自己的生活好一点儿。但是，企业一旦做大，你就会去思考，赚钱是为什么？享受？如果这样，企业就会做不下去，因为做企业并不是享受！所以在我赚到1000万元之前，我是为自己；当我赚到1000万元以后，我赚钱就是为社会。其实，一个人花不了多少钱。"而对待自己的巨额财富，他说："这是社会的财富，不过由我支配而已。任何人都没有权利浪费。"

生活虽然朴素，但对待学习，刘永行却一直怀着坚定的目标。成为富豪之后，刘永行首先做的是努力提升自己，这点也与其他的富豪大不相同。

一个身家亿万的富豪，一个同时需要管理 100 多家企业的老总，在很多人眼里，该是非常忙碌才对。但刘永行不是，他办公的上海某处僻静的大楼安静异常，有时甚至一天都不会有电话找他，这种情况即使放在今天的一个普通白领身上，都是难以想象的事情。对于这点，刘永行非常自豪："企业做大了，必须转变凡事亲力亲为的观念，一定要让职业经理人来做，请专家管理，强调分工合作。原来我一人管十几个企业，整天忙得不得了。后来明白是自己放权不够，要痛下决心、大胆放权。放权之后干什么？就是每天要花 5 个小时以上学习。下班回家吃饭，有时也出去散散步，还有就是旅行。旅行途中在飞机上也看看财经方面的杂志……"

要做到这一切，首先需要的就是学会做人。

经商经商，表面上看是经商，实际上是做人。人做好了，事业自然而然也会有起色。

刘永行的例子告诉我们，商人在追求财富的过程中，不仅要关注市场的变化和对商机的捕捉，更要注重自己的言行。一个商人如果能够真诚待人，财源自然滚滚而来，生意也会越做越大、越做越长久。因此，在商业世界中，能够保持一颗初心，保持真诚，在做大做强后不忘本，甚至比拥有商业智慧更为关键。

在当今社会，商业化的气息弥漫在每一个角落。人们为了追求财富，往往绞尽脑汁，甚至不惜采取各种手段。然而，在这个过程中，许多人忽略了一个基本原则，那就是：做人的魅力是成功的关键。一个真诚的人，往往能散发出一种非比寻常的魅力。

一个人如果能够拥有良好的品德和魅力，自然能够赢得他人的信任和尊重。这种信任和尊重，正是商业成功的基础。只有当人们愿意与你合作、愿意支持你的事业时，你才能够获得更多的商业机会和资源。

此外，做人的魅力还能够帮助商人在复杂的商业环境中保持清醒的头脑和坚定的立场。面对各种诱惑和挑战，一个头脑清醒的人能够坚守自己的原则和价值观，不被外界所左右。这种独特的魅力，正是商人在商业竞争中立于不败之地的关键。

因此，我们可以说，做人的魅力是商业成功的基石与关键。只有在做人上取得成功，才能够在商业上取得持久的、真正的成功。

▶ 踏实可靠才会有光明的前途 ◀

在宇宙万物的运行中，存在着一种永恒的法则，那就是"道"。这个"道"是自然界的根本法则，也是所有事物运行的内在规律。同样，在经商的过程中，也存在这样一种"道"，它与做人的"道"相辅相成，这就是"德"。

"德"是经商之本，它是商人灵魂的体现。一个有"德"的商人，必然是一个诚实厚道的人。诚实厚道不仅是一种品质，更是一种商业智慧。在做生意的过程中，商人需要始终坚持诚信、实在、可依赖的原则。一个诚信的商人，能够赢得客户和合作伙伴的信任，从而为生意的长久发展打下坚实的基础。可以说，诚信是经商之魂，而实在则是经商之道的关键。商人在做生意时应该实实在在，不虚假、不欺骗，以真实的产品和服务赢得市场的认可。可依赖则是经商之基。一个可依赖的商人，能够建立起稳定的合作关系，吸引更多的客户和资源。

经商之道，其实就是这么简简单单的几句话，人人都懂，但很多人就是做不到。做不到往往不是因为他们能力不够，而是他们不屑于这么做，认为"光这么做肯定是不够的"。

这可真是"天下莫能知，莫能行"。

对于一个成功的商人来说，首要的任务是学会做人，其次才是做事和做生意。做人的道理和经商的道理是相通的。一个品行端正、诚实守信、踏实可靠的人，在商场上自然能够赢得他人的尊重和信任，从而为生意的兴旺打下坚实的基础。

相反，那些看似精明却急功近利的商人，往往在追求利润的过程中忽略了做人的基本原则。他们可能会为了一时的利益而采取欺骗等不正当手段，这样做虽然暂时能够获得一些利润，却失去了长远的发展机会。因为他们的行为已经切断了自己的后路。没了退路，何谈发展。

有一年，金华火腿行的一位掌柜来胡雪岩当学徒的杂粮行谈生意。然而，当他刚到达大阜时，却不幸病倒了。由于在大阜没有亲人和朋友，加上病情严重，他无法独自返回金华，因此感到非常焦虑和无助，这无疑又加重了他的病情。

当胡雪岩得知这位客商的困境后，立刻放下手中的工作，赶到了客商的病榻前。在接下来的几天里，胡雪岩像对待自己的亲人一样，无微不至地照顾着这位客商。他不仅亲自为客商熬制药物，还每天按时送上热腾腾的饭菜。

在胡雪岩的精心照料下，客商的身体逐渐康复。他看着眼前这个年轻人，心中充满了感激和感动。他好奇地问杂粮行的蒋老板，怎么会有这样一个出色的徒弟。蒋老板笑着向客商讲述了自己招来胡雪岩的过程，以及胡雪岩在杂粮行的种种表现。他告诉客商，胡雪岩不仅聪明好学，而且勤奋努力，更重要的是，他的内心善良又热情。

掌柜对胡雪岩更加好奇了，不禁对他产生了敬意。他主动向胡雪岩提出了邀请："我们那里比大阜好玩儿得多，你随我一起到金华如何？"这个问题让胡雪岩陷入了沉思。

胡雪岩是一个忠诚于自身职责的人，他明白自己的工作在大阜，不应该轻易跟随别人去其他地方。因此，他并没有立即答应掌柜的邀请，而是表达了自己的态度："这要问我的老板。如果老板同意，我可以答应你。但如果老板需要我在这里，就算我想去，也不能跟你走。"

在这番话语中，胡雪岩展现了自己踏实与忠诚的态度。他知道，作为一名员工，他不能说走就走，不能因为别人给了他更好的工作机会，招呼都不打一声就跑了。尽管他对掌柜的邀请感到心动，但他仍然坚守着自己的原则，不会轻易作出决定。

金华火腿行的掌柜听了胡雪岩的回答后，对他的为人更加敬佩了。他明白，胡雪岩是一个值得信赖的人，是他的忠诚和敬业精神让他在工作中表现得如此出色。掌柜心想，这样的人才正是他所需要的。

胡雪岩将金华掌柜的意愿转达给了蒋老板，蒋老板欣然同意了。因为金华火腿行的规模远超他的杂粮行，对胡雪岩来说，这不是一次跳槽，而是一次职业发展的大好机会。

一个优秀的老板，总是希望自己的员工能够有更好的发展前途。当看到自己的员工有机会迈向更高层次的舞台时，他们会感到由衷地高兴。毕竟，这些员工都是他们辛苦培养出来的人才，员工的成功也是对自己培养成果的一种肯定。

胡雪岩抵达金华后，展现出了极高的学习热情和开放的态度。他不仅仔细聆听各种信息，还积极地吸收新知识。由于金华火腿行规模庞大，与众多杭州的钱庄有着频繁的业务往来，这为胡雪岩提供了一个宝贵的机会，使他得以接触一种将对他未来产生深远影响的事物——银票。

当时，钱庄拥有印发钱票的权力，这种钱票在形式上与当铺开出的当票相似，但存在一些差异。当票通常是方形的，而钱票则呈长方形。此外，钱票的纸质也相对更为精良。钱票上会印有钱庄的标志，这些标志通常使用青色或其他鲜艳的色彩印刷，显得十分醒目。钱票上的金额可以由钱庄专门负责书写钱票的人员用毛笔直接填写，填写完成后，还会在票面上盖上几个用红印泥制作的图章。这些图章和字迹都具有很高的防伪性，不易被伪造。

胡雪岩对银票的出现感到震惊，他无法理解，为什么仅仅是一张写有文字的纸就能具有价值。这种全新的货币形式对他来说是难以置信的，它颠覆了胡雪岩对货币的传统认知。

胡雪岩在遇到钱庄前来收账的人时，总是表现出浓厚的兴趣。他不仅询问钱庄的运营情况，还特别关心学徒们的学习和工作情况。他详细地了解学徒们需要掌握的技能，如快速计算、熟练使用算盘和书写工整的字体等。然而，对于自己想去钱庄工作的事情，他却从未提及。

当胡雪岩得知钱庄的学徒需要具备哪些技能后，他立刻下定决心开始练习。他每天都默默地练习书法和珠心算，用心钻研每一个细节。由于他的用心和努力，他的进步非常快，不久就掌握了这些技能。

胡雪岩在与钱庄的人核对账目时，展现出了他的聪明才智。他不需要使用算盘，而是全靠心算来报账，而且算得又快又准。这让钱庄的人对他刮目相看，称赞他是一个了不起的伙计，居然能够如此快速准确地计算。

当胡雪岩拿起算盘时，他的表现更加出色。他迅速且准确地扒拉着算盘珠子，速度之快让人惊叹。这样一来，钱庄的人对他的评价更高了，认为他是一个非常有潜力的人才。

钱庄的人见胡雪岩又勤快又好学，于是同胡雪岩的掌柜说：我们钱庄需要这样的人才，你愿不愿意把他让给我呢？

俗话说"水往低处流，人往高处走"，对于大部分有志向的人而言，一辈子待在一个地方犹如坐牢。人应该要多出去走走，多去见世面，这样才能不断向上攀登。

但是问题来了，在攀登的过程中，需要具备什么条件呢？

一份忠诚的精神与踏实的态度。

尤其是在自己还是一个小人物的时候，不仅要让别人看到自己的能力，也要让别人认识到自己是一个靠谱的人。试想一下，若是当年胡雪岩招呼都不打一声就跟着金华的掌柜走了，掌柜又会如何看他呢？

做人做生意都是如此，要让别人看到我们的态度。

▶▶ 诚信做人是成功的第一要素，没有之一 ◀◀

做人要讲诚信，经商更要讲诚信。

晚清著名的商人胡雪岩以诚信立身，以信誉为招牌，在商业江湖中留下了浓墨重彩的一笔。从一个放牛郎，到成为一代商界巨擘，他的故事，充满了传奇色彩。

胡雪岩的母亲只是一位普通的乡村妇女，却有着非凡的智慧和远见。她常常告诫胡雪岩："诚信乃为人之本，经商之道，更需以诚相待。"这句话，成为胡雪岩一生的座右铭。当他还是个孩子时，有一次在田野间放牛，偶然捡到了一个装满金银财宝的包袱。面对这突如其来的财富，他没有动心，没有据为己有，而是选择了等待失主。这一等，就是三天三夜。

胡雪岩的母亲从小就教育他，做人要诚信，不是自己的东西不要拿。后来，胡雪岩终于等来了失主，他询问了失主几个问题后，发现这个包裹确实是他的，于是还给了他。失主非常感激，从包裹中拿出了两样东西，作为答谢送给胡雪岩。胡雪岩连忙拒绝，说："不要不要，这本来就是你的东西，我又没有做什么，本来就该还给你的。"失主听后大为感动。

在胡庆余堂有一块横匾，高悬在店堂大门醒目的地方，上面是胡雪岩手书的"戒欺"二字。

在阜康钱庄当学徒的日子里，胡雪岩面临了一次又一次的考验。钱庄的于老板是个精明的商人，他懂得如何挑选诚实可靠的员工。在钱庄，每个角落都可能成为考验诚信的考场。一次，胡雪岩在扫地时，发现地上散落着几块银圆。他并没有据为己有，而是捡起来交给了老板，尽管当时周围并没有其他人。这样的考验，不止一次，而是接二连三。有时是银圆，有时是更贵重的物品。每一次，胡雪岩都以他的诚信，通过了考验。

胡雪岩对诚信二字的理解也在深化。在一次次考验中，他也在不断成长，不断领悟诚信的深层含义。他明白，诚信不仅是不贪小便宜，更是对工作的敬业，对责任的担当。在钱庄，他不仅完成老板交代的任务，更主动承担起了更多的工作。他总是最早出现在钱庄，最晚离开。他的努力和诚信，最终赢得了老板的赏识，也为他日后在商业上的成功打下了坚实的基础。

胡雪岩的诚信，不仅体现在对金钱的态度上，更体现在对人际关系的处理上。在商业交往中，他始终坚持公平交易，童叟无欺。他的诚信，为他赢得了合作伙伴的信任，也为他积累了宝贵的人脉资源。

胡雪岩在钱庄的学徒生涯中，以他的诚信和勤奋，赢得了于老板的信任和赏识。于老板没有儿子，他看中了胡雪岩的为人和才干，在病榻之上，作出了一个重大的决定——将钱庄交给胡雪岩。

接手钱庄后，胡雪岩更加明白了信誉的重要性。他知道，在商场这个大舞台上，信誉就是他的通行证与护身符。他常说："人无信不立，商无信不兴。"他用自己的行动，践行着这句话的真谛。

一天，阜康钱庄来了一位特殊的客人——绿营军的军官——千总罗尚德。这位军官，身材魁梧，面容刚毅，却带着一丝不易察觉的忧愁。他要存入 12000 两银子，却不要利息，也不要存折。他只提出了一个要求：如果他在战场上马革裹尸，希望钱庄能将这些银子送回他的四川老家。

原来，罗尚德曾是一位赌徒，欠下了岳父家 12000 两银子。岳父家提出，如果罗尚德肯退婚，这笔钱就可以不用还。罗尚德被深深触动，他不仅同意退婚，还发誓无论如何都要还清这笔债。这份担当，让胡雪岩动容。

胡雪岩在听了罗尚德的诉求后，沉思片刻，提出了一个建议：10000 两银子做三年定期存款，三年后连本带息可得 15000 两；另外 2000 两则做活期存款，随时可取。胡雪岩还承诺，存折由钱庄的掌盘刘庆生代为保管，可确保安全。

胡雪岩知道，这不仅是一笔存款，更是一份沉甸甸的信任。他承诺无论发生什么，都会将这笔钱送到罗尚德的家人手中。这份承诺，如同一颗种子，在胡雪岩心中生根发芽，成为他经商的信条。

罗尚德被胡雪岩的周到考虑深深打动。他没想到，一位钱庄老板，能如此为客户着想。回到军营后，他将这段经历讲给了同袍听。一传十，十传百，阜康钱庄的信誉在军营中迅速传开。

绿营官兵们，身在战场，生死未卜，银子带在身上，既是负担，也是牵挂。听说了阜康钱庄的故事后，他们纷纷将自己的积蓄，长期无息地存入阜康钱庄。这些存款，对阜康钱庄来说，不仅是资金的注入，更是信誉的招牌。

胡雪岩接手钱庄后，钱庄曾因流动资金缺乏而陷入困境，此时因为这些官兵的存款而得到缓解。这些存款中，有些可能永远也不会有人来取（战死或意外）。但胡雪岩也从未因此动过贪念，他始终坚守着对客户的承诺，守护着每一份信任。

几年后，罗尚德在战场上英勇牺牲。临死前，他嘱咐两位老乡，前往阜康钱庄，找到胡老板，将那些银子带回家乡，交给他的亲人。

两位老乡带着罗尚德的遗愿，踏上了前往阜康钱庄的路。他们的心中，既有对战友的哀思，也有对未知的忐忑。他们听说过商场的尔虞我诈，也担心阜康钱庄会赖账。然而，当他们来到钱庄，见到胡雪岩，所有的担忧都烟消云散了。

胡雪岩没有让他们失望。他仔细查证了两人的身份，确认无误后，立刻吩咐伙计，将罗尚德的存款和利息全数取出。当两位老乡看到那些白花花的银子时，他们惊喜万分，原本以为会困难重重的事情，竟然如此顺利。

他们感激地看着胡雪岩，心中充满了敬意。他们没想到，这位钱庄老板，不仅守信，居然还如此慷慨和仁义。他们带着银子，也带着对阜康钱庄的赞誉，回到了家乡。

在晚清的商业舞台上，胡雪岩正是凭借"诚信"二字，将阜康钱庄的金字招牌擦得锃亮。他的故事，是一曲诚信的赞歌，传唱在大街小巷。

胡雪岩的诚信，如同一股无形的力量，推动着阜康钱庄的发展。在短短几年内，钱庄的生意蒸蒸日上，客户络绎不绝。他们知道，只要走进阜康钱庄，就能享受到最真诚、最可靠的服务。

胡雪岩的经历告诉我们，无论是经商还是做人，诚信都是最宝贵的财富。在今天这个充满机遇与挑战的时代，尤其如此。

珍视信誉，以诚信待人，才能做大做强，更有可能在未来成为富甲一方的商人。让我们用自己的行动，来书写自己的辉煌篇章吧。

第二章
广结人脉，人脉就是钱脉

▶▶ 为别人打伞，别人才愿意为你打伞 ◀◀

商业世界盛行的不是个人英雄主义，而是抱团取暖的合作精神。因此，这就要求商人在做人做生意的时候，不能只考虑自己，还要将别人也考虑进去。一个富有同理心的商人，他的生意才会越做越大，而一个自私自利，只肯扫门前雪的商人，多半会在途中遭遇挫折，乃至失败。

这个道理非常简单。在下雨的时候，只有你肯为别人打伞，别人才愿意为你打伞。一个"我为人人，人人为我"的商业社会才是一个健康、良性运转的社会。在这样的社会中，大家互帮互助，有钱一起赚，有事一起担，谁家要是遇到了困难，大家会互相给予帮助，并不会落井下石。那么，以后帮助过他人的人遇到同样问题时，才不至于落一个"破鼓万人捶"的下场。

简而言之，商业世界并不是一个零和博弈的世界，而是一个和谐共荣的环境，合作机会远大于竞争。

一个会合作、懂合作的人，不会为了眼前的蝇头小利而放弃长久的利益，反而会尽心尽力维护好现有的秩序与规则。他也不会贪婪过度，恨不得全天下的生意都让自己来做，全天下的财富都由自己来赚。这种心态，不仅会让他的生意越做越小，还会让他整天处于惶恐与忧虑之中，对自己的身心健康也非常不利。

红顶商人胡雪岩就是一个明白"我为人人，人人为我"的道理的大生意人。

在一个初春的上午，胡雪岩正在自家的客厅里与店里几个分号的大掌柜商谈一些投资的事情。胡雪岩并不是一个脾气急躁的人，他平日里都给人一种温和谦让的印象，然而在这一次，当大掌柜们谈到了一些投资亏损的情况时，胡雪岩一反常态，面色沉重，微微皱眉。

实际上，这些大掌柜多多少少都有些盈利，但有些人赚得多，有些人赚得少。胡雪岩听完了大掌柜的汇报后，以一种教训的口吻训起了那几个赚得少的人，并告诉他们下次投资之前，一定要先分析好市场，投资不要过于轻率。如果没有什么很好的项目，那么宁可不出手，将资金放在自己的口袋里。

说完这些之后，门外有人求见。胡雪岩将大掌柜们打发走了，带着随从亲自迎接客人。

　　前来拜访的客人是附近的商人，看上去非常焦急，此前他与胡雪岩并没有过多的来往。胡雪岩不紧不慢地听着眼前客人的讲述。原来，他在最近的一次生意中栽了跟头，目前急需一大笔资金来周转，故而客人几乎是押上了自己所有的产业，想以极低的价格转让给胡雪岩。

　　胡雪岩见了后，并没有当场做决定，而是让客人先回去，第二天再来。客人走了后，胡雪岩急忙吩咐手下的人去打听这位客人说的是不是真实情况，害怕只是好赌之人的说辞。手下很快就回报，说客人之前说的的确是真的，他的确是因为生意出状况而需要一笔资金，而不是因为赌博之类的问题。

　　翌日，客人如约而来。胡雪岩答应了他的请求，而且依旧按照市场价来购买对方的产业——这个价格远远高于客人昨天所提出的售价。

　　商人非常惊讶，不敢相信眼前发生的一切。因为在一般人的认知中，有人急需用钱，那么有钱的人肯定想方设法压低他的资产的价格，这也是商人的一般性思维。

　　然而，胡雪岩没有这样做。

　　胡雪岩还告诉这位客人，自己只是暂时保管这些产业，如果哪天客人挺过了这一道难关，有钱了，随时可以来赎回这些产业。到时，客人只需要附上比当初成交价稍微高一点点的价钱就好。

　　见胡雪岩不是在开玩笑，客人非常感激，很快就签了协议，对着胡雪岩深深作揖，然后饱含热泪地离开了。

　　客人走后，胡雪岩身边的随从十分不解。在他看来，胡雪岩是一个商人，商人天生逐利，无可厚非，但这一次，胡雪岩显然是做了一个不太划算的买卖。他原本可以好好利用客人的焦急心理赚上一笔，但他却没有。

　　再联想到胡雪岩与大掌柜们之间的谈话，有些大掌柜赚得少，反而被胡雪岩训了一顿。那么，为什么到了胡雪岩自己亲自做生意的时候，反而将逐利这件事忘了呢？

　　胡雪岩见随从有疑问，便解释了起来。其实，这两件事看上去是同一件事，但背后的意义和逻辑不一样。商人赚钱的确是天经地义，但钱与钱，并不一样。

　　随后，胡雪岩讲到了自己年轻时的一段经历。当时，他还是一个小伙计，经常按照东家的意思去四处催账。有一次，在催账的路上，天下起了大雨，同路的一个陌生人被雨淋湿了，恰好胡雪岩带了一把伞，看到后便为陌生人挡雨。后来，胡雪岩经常在下雨天为见到的陌生人挡雨。

　　时间久了，那条路上的人都认识了胡雪岩。以后他要是出门忘了带伞，抑或是遇到了其他麻烦，那里的人都会热心肠地上前帮忙。

那位客人想要贱卖出去的产业，是靠他家族好几辈人的努力才积累下来的。胡雪岩要是以极低价格收购，虽然能占到便宜，但那位客人只拿到那一点儿钱，可能也翻不了身。因此，胡雪岩对那位客人的信任，不单单是投资，更是救了他的命。

在这个世界上，谁没有因为一点儿糟心事而急需要用钱的时候呢？出门的时候，谁能保证天天都是大晴天没有下雨天呢？到了下雨天，谁又能确定自己身边就有一把伞呢？

正是因为胡雪岩想到了这点，他才能做到这些看起来让人难以理解的事。

谁都有雨天没伞的时候，能帮人遮点儿雨就遮点儿雨吧。

后来，那位客人赎回了自己的产业，同时也成了胡雪岩可靠且信赖的合作伙伴之一。自此，胡雪岩的名声越来越大，越来越多的人知道了他的行为，都对他敬佩有加，这也给他带来了更多的商业机会和利润。

胡雪岩不仅是做生意，更是在交朋友。他做的不仅是生意，还是良心。

要知道，我们的每一次善举，都不是白付的，都有可能在未来给我们带来更为丰厚的财富。现在的商业环境，更多依赖于陌生人与陌生人之间的协作。对于一个陌生人来讲，其为人风格和处世能力，并不是靠自己来说，而是靠别人来说，也就是来自于别人的口碑。一个行善举的人，才能在别人口中有一个好的口碑，当别人谈起他的时候，才会对他竖起大拇指，称赞他。

试问，如果你是一位资产丰厚的大老板，你会愿意和一个下雨天只为自己撑伞的人合作呢，还是愿意与一个下雨天会为别人撑伞的人合作？

答案不言而喻。

要记住，愿意为别人撑伞，别人才愿意为你撑伞。

▶▶ 要想获得别人的帮助，就要先学会帮助别人 ◀◀

在这个世界上，每个人都不是孤独的行者，而是相互扶持、共同前行的伙伴。俗话说"一个好汉三个帮"，这句话在商业领域同样具有深刻的内涵。

一个人的力量往往是有限的。即使是商业奇才，也无法独自面对市场的变化和挑战。因此，我们需要像狼群一样，学会相互协作，相互帮助。狼群之所以能够成为草原上的霸主，依靠的不仅是个体力量，更在于它们之间的默契配合和集体智慧。

有很多富甲一方的大商人，如果我们回过头细细观察他们的一生，会发现他们早年都得到过贵人的帮助和提携。在一个人的一生中，多多少少都会遇到贵人，有些人能凭借这些贵人扭转自己的命运，也有一些人浪费了机会，与贵人擦肩而过，过了很久也浑然不觉。

除此之外，有些人好像天生就有"富贵命"，一路上总能遇到贵人；而有些人看上去很寒酸，甚至到了众叛亲离的地步，谁也不肯帮他。为什么会有这样的差别呢？

实际上，一个人在遇到真正的贵人之前，首先得结下善缘。对于做生意的人来说，这点尤其重要，因为善缘可以带来丰富的人脉关系，而人脉即钱脉。

有了良好的人脉，或许当你下次为了某件事发愁的时候，自会有人来到你身边，为你排忧解难。当你看好一个机会，一摸口袋却有些寒酸的时候，必会有人将资金送到你手边。

这一切的一切，都需要你在这之前就努力去结下善缘。而结下善缘的第一步，就是多去帮助别人。

陈光甫是清末民初著名的银行家，在我国金融史上创下了多个第一，对20世纪上半叶的中国有着举足轻重的影响。被誉为"中国最优秀的银行家""中国的摩根"。

陈光甫是一个"海归"，早年是一个学者，他人生中重要的一次机会，得益于与孙中山的邂逅——那是1904年，陈光甫还在美国。

刚刚来到美国的陈光甫，觉得一切都很新鲜，因为眼前的万事万物都与国内的不一样。他一开始感到很新奇，后来却感到自卑，因为一想到自己的家乡与外面世界的差距就百感交集。圣路易斯国际博览会更是加剧了陈光甫的自卑情结，因为博览会所展示的是来自世界各地的珍宝，而中国送来参展的物品与其他国家送来的展品相比，十分落后。除了一些农产品之外，都是一些很常见且很朴素的商品。

有一次，陈光甫在会上意外遇到了孙中山。当时，孙中山的名字已经响彻海外华人界，陈光甫也早已听说过他，对他十分尊敬。正所谓闻名不如见面，见到孙中山时，陈光甫显得惴惴不安。事后，陈光甫再次拜访了孙中山，两人一见如故，谈了很久。

孙中山的语气慷慨激昂，讲到了当时中国与世界的差距，并细数了清政府的诸多弊病。从孙中山坚定的眼神中，陈光甫看到了未来中国的希望，听得津津有味。

后来，孙中山邀请陈光甫加入兴中会。陈光甫有些惊慌失措，因为当时的他，年纪太轻，阅历尚浅，去美国的目的是学习。他现在只想矢志求学，掌握实业救国的本领。如果现在让他放弃求学的机会，投入到政治活动中，他有些难以接受。

孙中山见状，表示理解眼前的这位年轻人，并给予了他相当的鼓励与肯定。陈光甫也很敬佩孙中山的壮举，当时的他还是一个穷学生，身上没有多少钱，但是他从之前省吃俭用、节衣缩食攒下来的费用中，拿出了五美元，交给了孙中山。

五美元虽然不多，但这不是钱多钱少的问题，而是他的一片赤诚之心。

转眼五年过去了，陈光甫学成归来。

他创办了第一家由自己掌控的银行。和每一位创业者一样，在创业之初，陈光甫举步维艰，最重要的问题是资金匮乏。

有一天，陈光甫正忙得焦头烂额，突然有员工进来报告说，有人前来求见。陈光甫头也没抬，就随口说了一句："请他进来吧。"

不久之后，一位衣冠楚楚的中年男子走了进来——来客是后来大名鼎鼎的孔祥熙。

两人实际上也是老相识了。当年在美国圣路易世博会时，陈光甫认识了在俄亥俄州欧柏林学院就读的孔祥熙。两人一见如故，相谈甚欢。但是自那之后，两人没有再见过。

陈光甫对孔祥熙的到来感到既惊讶又兴奋。孔祥熙表明自己受人所托前来，随后拿出了一沓钞票，里面有一万元，作为上海银行的股金交到了陈光甫手中。

原来，让孔祥熙送钱过来的，正是孙中山先生。

陈光甫十分感动。当时，孙中山先生正在日本组织讨伐袁世凯的行动。在陈光甫事业起步的创业阶段，孙中山的理解与支持，对于他来讲，无疑是雪中送炭。

资金虽然不多，但重要的不是数量，而是一份心意。

在 20 世纪初的中国，银行业正经历着一场前所未有的变革。众多有识之士纷纷投身于这一领域，希望能够通过建立现代化的金融机构来推动国家经济的发展。陈光甫在短短 20 年间，将一家仅有七八万元微薄资本的小银行发展成为中国第一大私人商业银行，不得不说是一个传奇。孙中山先生当年送来的一万元，也是推动这个传奇的一份力量。

在创立上海商业储蓄银行后，陈光甫始终秉持着"服务社会，顾客至上"的宗旨，致力于银行业的近代化改革。他深知，要想在竞争激烈的金融市场中立于不败之地，就必须不断创新，提升服务质量。为此，他引入了先进的管理模式和技术手段，使银行的业务处理速度和效率大大提高。同时，他还注重培养人才，打造了一支专业高效的团队。

在这位银行家的领导下，上海商业储蓄银行迅速发展壮大。它不仅在上海设立了总行，还在全国各地开设了几十个分支机构，形成了庞大的服务网络。这家银行以其优质的服务和良好的信誉赢得了广大客户的信赖和支持，业务量持续增长，成为中国银行业的佼佼者。陈光甫也由此成为了上海银行公会会长，上海金融界的领袖。

然而，陈光甫并没有满足于已有的成就。他深知自己肩负着更大的责任和使命。在民族危亡之际，他毅然受命赴美，与胡适等人合力促成美国政府的"桐油贷款"。他深知这笔贷款对于中国抗战的重要性，因此他不顾个人安危，四处奔走呼吁，最终成功争取到了这笔宝贵的资金支持。

这笔"桐油贷款"对于中国的抗战事业起到了很大的作用。它不仅为中国政府提供了急需的资金支持，还提振了国内军民的士气和信心。

我相信，这种千百年来互帮互助的精神，是让中国能够在那段最艰苦岁月中，奋力挣扎出来的一个重要因素。正是千千万万像陈光甫和孙中山这样的人的精神信念和情感纽带，造就了一段传奇和商业佳话。

要想获得别人的帮助，就要先去帮助别人。要想在商业世界中遇到贵人，就要先想办法成为别人的贵人。如此，才是一名优秀的大商人。

富甲一方，不仅指的是财富，更是人脉与影响力。

▶ 危难关头，靠什么度过 ◀

人生并非一帆风顺，在商业中也是如此。

相信每一个已经踏入或曾经涉足商业世界的朋友都能深刻理解，商业之路是一条充满荆棘的小径，每一个脚印都伴随着风险与挑战。我们或许曾经历过事业的巅峰，可能也曾跌入过低谷，但正是这些起起伏伏，让我们更加珍惜每一次的成功，也能更加坚定地面对每一次的失败。

在商业世界中，不确定性无处不在。市场的变化、竞争的激烈、消费者的需求变化，这些都是我们无法预测和控制的因素。我们可能需要面对突如其来的市场危机，也可能需要在竞争激烈的环境中寻找生存的空间。这些不确定性不仅考验着我们的智慧和勇气，更考验着我们的心态和信念。

当然，在面对困难的时候，如果我们身边能有人伸出援助之手，那就再好不过了。这总比一个人在黑暗中苦苦挣扎要好得多。但是，别人与我们非亲非故，为什么要帮助我们呢？

因为，我们曾经也帮助过他们；因为，我们也曾在他们遇到困难的时候挺身相助。商业世界中，越是往上走，越是能明白，人与人之间相交，贵在一个"诚"字，那些久经商场的大老板都明白，互帮互助才是商业的底层逻辑。

1931 年 9 月，陈光甫遭遇了一场挤兑风波。当时，美国陷入了经济大萧条，许多商铺纷纷关门倒闭，风波逐渐向全世界蔓延，中国也生出了不少恐慌的情绪。

一时之间，储户们纷纷来到上海银行，将自己存进去的钱取走。这对于任何一家银行来讲，无异于灭顶之灾。试想，如果一家银行的存款都被储户们取走，它的业务就会发展不下去，随时面临倒闭的风险。

陈光甫在走投无路之际，想到了杜月笙，于是请人前去求救。他知道，目前来讲，除了杜月笙，没有人能够帮他。

但是，杜月笙会帮他吗？

第二天一早，杜月笙家中的客厅人满为患，这些人都是他前一天打电话叫来的。每个人都带着一个箱子，里面装的都是钱。杜月笙向大家宣布，上海商业银行的生意与业务正常，希望大家不信谣不传谣，并鼓励大家前去给陈光甫的银行捧场。

于是乎，一群人开车结队，直奔陈光甫的银行。

九点，银行门口挤满了想要取钱的储户，队伍排得老长，像是一条巨龙。杜月笙故意让他的黑色雪佛兰开到队伍最前面停下，醒目的车牌号"7777"顿时引来了众人的目光，大家都知道，杜月笙来了。不过，当时的人都认为是杜月笙也前来取钱了，于是纷纷给他让路。或许有不少人心里还在想，还好今天来早了，不然怕是取不出钱来了。

杜月笙从车上下来，径直走向了银行大门，后面紧紧跟随着几个随从，每个人手中都提着一个沉甸甸的箱子。保安也让出了一条路，等到杜月笙进去后，银行大门豁然打开。

没一会儿，银行里飞奔出几个职员，看他们的样子，好像是发生了什么喜事。他们奔走相告：杜先生存进了一百万元。

这句话仿佛给很多储户的心中安装了一根定海神针，不少原来还在排队的人，思考了一会儿后就离开了。

你以为这就结束了？

并没有。

又过了一会儿，各种各样的小汽车也从四面八方汇集而来，很多大大小小的老板都从车上下来，每个人手中要么提着一个箱子，要么拎着一个麻袋，里面无一例外，装的都是钱。

他们按照杜先生的意思，前来捧场、送钱。

人们见状，纷纷撤离，这一切都摆明了是杜月笙大佬有意帮衬陈光甫。

陈光甫对杜月笙十分钦佩与感激。一场巨大的风波，在一个早上后，烟消云散。陈光甫的银行，从一场挤兑风波中有惊无险地走了出来。

这恐怕是陈光甫一生中最为惊心动魄的时期。后来，杜月笙主办的中汇银行大厦新建落成，营业规模非常可观，陈光甫二话不说，将 50 万两白银存了进去，让杜月笙白用一年，不要任何利息。

不知你有没有好奇过，当时陈光甫向杜月笙求救，杜月笙为何二话不说就前来帮忙呢？

有些人认为，杜月笙也是想借此机会在金融界"刷"一下"存在感"，想要换得陈光甫的人情。但是，人家就算是有私心，在客观上的确也帮助了陈光甫。

其实，就在 1931 年 9 月之前，陈光甫就帮助过杜月笙。

陈光甫在美国留学过，是一名"海归"，回来后很少与本土的帮会打交道。当时，杜月笙作为上海滩最具影响力的人物，与陈光甫素未谋面，两人也几乎没有什么交集。

有一次，杜月笙身边最得力的助手苏嘉善生病去世。临终之时，他留下了一个遗愿。原来，他的大儿子即将大学毕业。苏嘉善最放心不下他，但是刚刚大学毕业的小青年没有什么门路，到时希望杜月笙能够帮帮忙，帮他在银行业寻一个活儿干。

面对最信任的助手在弥留之际留下来的遗愿，杜月笙自然答应了下来。但是他随后又想到，苏嘉善说的银行是上海商业储蓄银行。这不禁让人脉资源极为丰富的杜月笙也吃不准，因为陈光甫位列上海滩四大银行家之一，又是从美国回来，是出了名的严苛。他的银行有个硬规矩，在当时也是众人皆知，那就是任用人员的时候，一律公开招考，不走后门，也不给任何人面子。

曾经有人希望通融一下，走个后门，但都被陈光甫拒绝了。自那之后，陈光甫的用人标准和制度便在银行业无人不知、无人不晓。

老苏的葬礼办得非常隆重。不久之后，小苏毕业了。这让杜月笙很为难，因为他既然答应了苏嘉善，就要帮苏嘉善去办成这件事，但杜月笙也有点儿为难。作为当时上海滩的"大腕"，他自然有信心让陈光甫收下小苏，但他也知道陈光甫的为人，希望他是心甘情愿地收下，而不是为了照顾某人的面子而收下。

想来想去，杜月笙找来了杨管北，杨管北是杜月笙新收的智囊，也是苏嘉善的接班人，日后会成为杜月笙的助理。巧的是，杨管北和陈光甫是老乡，且有私交。

杨管北将杜月笙交代给自己的事转告了陈光甫，没想到，陈光甫非常爽快，破例不经考试就录用了小苏，给足了杜月笙面子。

有了这一次的帮衬，不久之后，陈光甫的银行在面对挤兑风险的时候，杜月笙才会这么倾力相助。其实，尽管他们之前甚至没有正式见过面，但在杨管北与其他人来回传信的过程中，两人就已经结下了友谊。

所以说，平日里就种下善果，结下善缘，在未来需要的时候，这些结下来的善缘会反过来帮助自己。

因此，我们要广交朋友，广交朋友最好的方式就是在自己力所能及的范围内帮助他人（当然也要在法律允许的范围之内）。这样，这个人就成了我们的朋友，哪怕是没有见过面，我们在他的心中也有了一席之地。下次遇到困难的时候，他也才能帮助我们。

▶ 慷慨结缘，朋友遍天下 ◀

无论是做人还是经商，我们都离不开朋友。从某种程度上来讲，朋友越多，我们通往成功的道路就越顺利。

与其被动等着别人与我们交朋友，不如我们自己放下思想包袱，主动出击，去帮助更多的人、结交更多的朋友。这和一个人是内向型性格还是外向型性格关系不大，就算你是一个内向的人，也能通过各种方式结交到更多的朋友。交朋友也就是广结善缘，其中最重要的一点就是要慷慨。

伍秉鉴是晚清时期的商人，又名伍敦元，祖籍福建。其先祖在康熙初年由福建泉州迁至广东广州，原以在武夷山种茶为业，后成为被准许与外国人交易丝和瓷器的少数中国商人之一。他的父亲伍国莹曾在广州首富潘启家中做账房先生，并于1783年开设怡和洋行而成为行商。作为广州十三行后起的福建商人，他将福建商人在广州的势力推向了另一个高峰。伍秉鉴家只接受白银付款，对外国商品有严格选择。他接管父亲的生意后，借出大量款项给外国商人以交换部分船只出货，声名远播。2001年，美国《华尔街日报》（亚洲版）刊登了一个专辑，统计出了上几个世纪世界上最富有的50个人，其中包括成吉思汗、忽必烈、和珅、刘瑾、宋子文和伍秉鉴。这六人中，唯独伍秉鉴是以纯粹的商人身份出现，因此成为人们关注的焦点。

1801年，32岁的伍秉鉴接手了怡和行的业务，这标志着伍家事业的快速崛起。作为广州行商的领头人——总商，伍秉鉴在经营方面展现出了非凡的才华和远见。

他深知与欧美各国的重要客户建立紧密联系的重要性，因此投入大量时间和精力来巩固和发展这些关系。通过频繁的商业往来和深入的市场调研，伍秉鉴逐渐掌握了国际贸易的规律和趋势，为怡和行的发展奠定了坚实的基础。

伍秉鉴的经营理念也颇具前瞻性。他注重创新和变革，不断引入新的商业模式和技术手段来提升企业的竞争力。在对外贸易中，他敏锐地捕捉到了市场的机遇和挑战，并采取了一系列有效的措施来应对。这使得怡和行在激烈的市场竞争中脱颖而出，迅速崛起，成为行业的佼佼者。

除了在国内拥有地产、房产、茶园、店铺等资产外，伍秉鉴还大胆地将目光投向了海外市场。他在美国进行了铁路投资、证券交易并涉足保险业务等领域，展现了其全球化的战略眼光和卓越的商业智慧。这些投资不仅为伍家带来了丰厚的回报，也进一步提升了其在国际市场上的声誉和影响力。

与此同时，伍秉鉴还是英国东印度公司最大的债权人之一。由于东印度公司有时资金周转不灵，常向伍家借贷，这使得伍秉鉴在国际金融领域也占据了重要地位。他的财富和影响力不仅在国内引起了轰动，也在西方商界产生了深远的影响。

正因为如此，伍秉鉴在当时西方商界享有极高的知名度。他被一些西方学者称为"天下第一大富翁"，成为了洋人眼中的"世界首富"。这一称号不仅是对他个人财富的认可，更是对他商业才能和战略眼光的肯定。

在商业活动中，伍秉鉴展现了他的慷慨精神。他不仅在商业上帮助遇到困难的合作伙伴，比如撕毁无力偿还的债务合同，还愿意承担合作伙伴的损失。这种行为不仅赢得了合作伙伴的尊重和信任，也为他在商界赢得了良好的声誉。

19 世纪，广州作为中国对外贸易的重要窗口，吸引了世界各地的商人前来。其中，一位美国波士顿的商人也慕名而来，他与当地著名的商人伍秉鉴展开了合作。然而，由于种种原因，这位波士顿商人的生意并不顺利，最终欠下了伍秉鉴7.2万银元的巨额债务。

面对这笔巨额债务，波士顿商人感到十分焦虑和无助。他知道是自己的经营不善导致了这一结果，但同时也意识到自己并没有能力偿还这笔债务。因此，他陷入了深深的困境之中，甚至无法回到自己的祖国——美国。

伍秉鉴得知这一消息后，并没有像其他债权人那样采取强硬的措施来追讨欠款。相反，他以一种出人意料的方式处理了这个问题。他派人将借据拿出来，然后在波士顿商人面前撕了个粉碎。伍秉鉴告诉对方："你是我的第一号'老友'，你是一个最诚实的人，只不过不走运。"说完这句话后，他还表示他们之间的账目已经结清，对方可以随时离开广州回国。

伍秉鉴的这一举动让在场的人都感到非常惊讶和感动。他不仅没有为难这位波士顿商人，还主动放弃了自己的债权。这种豪爽和大度的行为在当时的社会背景下是非常罕见的。它体现了伍秉鉴作为一名成功商人的胸怀和格局，也展现了他对人性的深刻理解和尊重。

伍秉鉴的这一行为很快传遍了整个广州城，甚至传到了美国。

人们纷纷称赞他的豪爽和大度，将他视为一个值得尊敬和效仿的楷模。而那位波士顿商人也深深地感受到了伍秉鉴的善意和宽容，他对自己的运气不佳感到遗憾，但也对伍秉鉴的慷慨之举心存感激。

这个惊人的举动不仅让伍秉鉴在广州声名大噪，也让他的豪爽名声在美国脍炙人口达半个世纪之久。人们纷纷传颂着他的故事，将他视为一个传奇般的人物。而这个故事也成为中美两国人民友好交往的一个佳话，被后人广为传颂。

如今，当我们回顾这段历史时，不禁为伍秉鉴的豪爽和大度所感动。他用自己的行动诠释了什么是真正的成功和财富。他的故事告诉我们，在商业世界中，除了追求利润之外，更重要的是要有一颗善良、宽容和慷慨的心。只有这样，我们才能赢得他人的尊重和信任，也才能在人生的道路上走得更远、更稳。

第三章
转换视角，劣势也能变优势

▶ 机会总是埋藏在不起眼的角落之中 ◀

在这个世界上，任何人与物都有各自的特点，也就是优势与劣势。就像我们这个生生不息的宇宙一样，优势与劣势并不是一成不变的，正如阴阳一样，是可以相互转换的。

我们的视角不同，看待同一件事的看法也就不同。在某一方面看来是劣势，在另一方面看来就会是优势，反之亦然。

事物本身没有发生变化，发生变化的只是我们的视角。

对于一个商业人士来讲，这点尤为重要。

吕不韦是先秦时期伟大的商人之一，早年的时候，他路过了宛城，在街上闲逛，看看哪里有发财的机会。

不经意间，他发现了一个不起眼的玉店，他走了进去，发现了一块晶莹剔透的红玉石。敏锐的吕不韦立即发现了里面的商机，待到他走近仔细一看，发现这块玉石的边缘处有一块黑斑。

吕不韦顿时大失所望。

然而，吕不韦的聪明之处在于，他会从不起眼的角落里发现商机。黑斑对于玉石，无疑是一个劣势，会大大降低这块石头的价值。然而，有没有一种可能，将这个劣势转换成优势，大大增加这块玉石的价值呢？

我们且看吕不韦是如何操作的。

吕不韦认为，正是因为这块玉石有黑斑、有瑕疵，所以价格肯定很便宜，这对于吕不韦来讲，是第一个优势，他可能以很便宜的价格买到这块玉石。这块玉石买回来之后，再要倒卖出去，就不能只是简简单单地易个手，而是要做一下加工，变废为宝。

于是，吕不韦故意在老板面前夸大这块玉石的瑕疵，说这块玉石本来可以卖百金的，只可惜有了这个瑕疵，只能卖到十金。

对于老板来讲，这块玉石已经在手中很长时间了，一直以来都无人问津，现在有人愿意出十金的价格将其买走，他当然很高兴，于是以十金的价格将玉石卖给了吕不韦。

吕不韦拿到玉石后，请了一个高明的匠人，在这块玉石上小心雕琢，因势象形，雕成了一条大"鲤鱼"。

不是说这块玉石有一个黑斑吗？但现在雕了一条大鲤鱼上去，黑斑自然就成了鲤鱼的眼睛，显得非常自然。原本是劣势的黑斑，现在成了玉石的点睛之笔，你说妙不妙？

吕不韦完工后，并没有立即出售这块玉石，而是放出风声，说自己有这么一个东西。很多人听说吕不韦这里有条大"鲤鱼"，纷纷前来观赏，也有不少人提出了想要购买，吕不韦却始终没有开价，也没有答应任何人要卖出这条大"鲤鱼"。

多年之后，当吕不韦决定将宝押在秦异人身上的时候，他需要先贿赂赵国重臣触龙——当时的异人还在赵国为人质——这条大"鲤鱼"终于派上了用场。

你看，原本只是一块不起眼的玉石、有瑕疵的玉石、很多人都看不上的玉石，到了吕不韦手中，经过这么一番雕琢之后，成了一个可以贿赂赵国重臣的宝贝。

吕不韦无疑是成功的商人。他的成功，正在于他有冒险精神，也在于他有转换视角的能力。

我们不妨再来看一个例子。早年吕不韦经商卖珠宝，有些珠宝在当时的社会环境中是可以流通的，而有些则无法流通，比如圭璧，这是古代祭祀、朝会用的玉器，为瑞信之物，于六寸璧上，琢出一圭。圭璧之器是用于礼定王公贵戚的爵位的礼器，在大多数国家是被禁止买卖的。

但是，圭璧的价值很高，如果可以买卖，那必然是一本万利的。有一次，有一个客商向吕不韦提出了要购买百件圭璧之器，并承诺吕不韦事成之后，有丰厚的利润。吕不韦小心翼翼地询问，才得知原来眼前的人是奉了赵王之命前来购买的，因为当时的赵王要拜官封爵，需要这些圭璧。

正好，吕不韦也想要离开弱小的卫国前往韩国发展。因此，就算暂时侵犯了卫国的利益，将卫国的圭璧卖到其他国家去，他也不放在心上——毕竟自己要走了嘛。

于是，吕不韦让客商先留下定金，然后约定一个月后取货。

吕不韦知道一个叫落凤坡的地方有圭璧出售，于是悄悄前往，淘了一箱圭璧出来，准备先运回去再交给客商。

一路上，吕不韦小心翼翼，躲过了很多排查的人员，但让他没想到的是，他的仇家邻居不知从哪儿得知了吕不韦购买圭璧的事情，邻居立即向卫国的有关部门打了报告。接到举报之后，司寇带着兵马守在卫国的城门前，专门等待吕不韦的到来。

要知道，这件事在当时可是杀头的罪过。

果然，司寇在吕不韦的马车里发现了大量的圭璧。

圭璧被司寇没收了，吕不韦也被押入大牢。此时此刻的吕不韦，面临的不是买卖亏本的风险，而是人头不保。

这时，吕不韦不慌不忙地告诉司寇，说马车的货箱隔板之下还有东西，并让司寇去搜查一下。司寇带着疑惑去看了，结果搜出了一片竹简，上面有一行字，大致内容是：谨向尊敬的卫元君呈现微薄之圭璧，聊表心意。竹简最后的落款是：齐国大夫郑营。

一下子，吕不韦的行为的性质就变了。在司寇眼中，本来他是犯了禁令的商人，理应吃官司蹲监狱。但现在，因为有这一片竹简，吕不韦的行为就变成了替齐国大夫贿赂卫国国君的中间人。

有人可能要问了，难道司寇不怀疑一下这片竹简的真实性吗？万一这是吕不韦骗人的呢？

没有人敢到国君那里去问你是否收了别国大夫的贿赂。就算司寇这么去问了，那么想必国君只会认为这事是真的，吕不韦可以谎称自己真的是受了齐国大夫郑营的委托，无非就是将自己所获得的利润，分给卫国国君一部分。而郑营也不会亲自来到卫国辩解此事。就算最终被大家看出是一个"误会"，估计吕不韦早就跑到其他地方去了。

这就是大商人吕不韦的聪明之处，他只要稍微转换一下视角，制造一些工具，自己的劣势转眼就能变成优势。

司寇看了竹简之后，果然有些尴尬，便重新将圭璧包好，让吕不韦带走。

没过几天，赵国就派人来取走了这批圭璧。通过这次生意，吕不韦赚得盆满钵满。他这种为了达到目的而甘冒风险的精神，是一个成功商人必备之品质，也是吕不韦后来在仕途取得成功的前提。当然，除了这点，吕不韦善于变换视角，拥有活络的头脑也是至关重要的。

在商业世界中，能否转换视角，很多时候会成为一家企业成败的关键。有些企业可能会面临负面评论和反馈，这看起来是一个劣势，但这同时也是一个机会。比如，企业可以通过积极回应和解决这些问题，做好相关的公关策略，给大众留下一个"这家企业至少很真诚，很可靠"的印象，那么，企业说不定也能吸收不少潜在的客户呢。

对于商人来说，也是如此。很多商人会面临被客户误会、误解的情况，这个时候，如果商人能够转换视角，就有可能将劣势转化成优势。

正如阴阳一样，阴中有阳，阳中有阴，阴可以变阳，阳也可以变阴，阴阳是可以随时相互转换的，就看你如何转换。

▶ 思想不滑坡，办法总比困难多 ◀

我国民间有句俗话："只要思想不滑坡，办法总比困难多。"

很多时候，我们会遇到困难，凭借我们当下的手段和能力，难以解决这些困难。比如，在商业场上，我们想认识一个人，但我们难以接触到那个人：我们没有声望和名声是一个劣势，但我们可以通过自己的头脑，通过一些巧妙的手段与对方搭上关系；

对方不认识我们，我们人微言轻，是我们的一个劣势，但同时也是一个优势，因为对方不认识我们，对我们就没有偏见与防备，我们反而会更容易获得对方的信任。

想象一下，你是一个初创企业的创始人，你的产品有潜力颠覆市场，但你需要的是一个机会，一个能够让你的产品被行业巨头注意到的机会。你想要接触的人是王老板，他是该行业的知名投资人，也是众多成功企业的幕后推手。他的日程表上总是排满了会议，他的邮箱里充斥着各种提案，而你，一个默默无闻的创业者，怎样才能进入他的视野呢？

首先，你意识到，没有名声和声望是你的劣势，但这也意味着你不会被预设的标签和偏见所束缚。你是一块空白画布，可以自由地描绘你自己和你的想法。你没有过去的包袱，没有失败的阴影，只有现在和未来。你开始关注王老板的演讲、他的社交媒体动态，甚至他接受采访所说的话。你寻找着你们之间的共同点，可能是一个共同的兴趣、一个相似的背景，或者是一个共同认识的人。

你发现，王老板对海洋保护有着浓厚的兴趣，而恰好这也是你的激情所在。你开始在这方面做一些研究和志愿工作，甚至开始发表一些关于海洋保护的文章，引起他的注意。通过社交媒体，你小心翼翼地回应他的帖子，发出有见地的评论并提出有价值的问题。你并不直接提及你的产品或你的公司，而是建立起一个有见识、有热情的行家的形象。

随着时间的推移，你和王老板在社交媒体上有了更多的互动。你提出了一些关于海洋保护的项目想法，而他开始对你的想法表示出兴趣。你提议见面，讨论这个你俩都很感兴趣的话题。会面时，你没有直接讲你的商业提案，而是先和他分享了你对海洋保护的看法和你的行动计划。你们的对话自然而流畅，你展现了自己的热情和专业知识。

直到会谈快结束时，你才透露了你也是一个企业家，并且你的公司正在开发一款与海洋保护密切相关的产品。你向他展示了产品的雏形，并解释这款产品能够支持和促进海洋环境的保护的原理。王老板对你的产品印象深刻，他看到了其潜在的市场价值和社会影响力。

通过一系列的策略性接触和交流，你成功地引起了王老板的注意，你并没有因为自己无名小卒的身份而遭到忽视。你利用了自己的相对无名之姿，转化为一种优势，通过共同关心的话题建立了信任，最终使你的公司和产品脱颖而出。

所以，当你下次苦于自己的某些条件欠缺，并认为这是自己的一种劣势时，不如转换一下视角，将劣势转化成优势。只要思想不滑坡，办法总比困难多。在通往成功的道路上，这是普通小商人转变成为大商人的一项重要能力。

▶ 用劣势倒逼创新 ◀

有的时候，我们有劣势，有弱势，但只要我们清醒地意识到这一点，并做出改变，那么劣势反而能倒逼我们的创新。

在中国白酒行业中，古井贡酒的发展历程是一个将劣势转化为优势的典型案例。在梁金辉的带领下，古井贡酒通过明晰的战略和创新，成功地在市场上占据了一席之地。

聂广荣是古井酒厂转制建厂后的第一任掌舵人，在1959年公兴槽坊连同明清窖池被收归省营，并扩建成"国营亳县古井酒厂"时，担任副厂长。当时酒厂的条件非常简陋，仅有32名职工、12间茅草屋、1口锅甑和122个明清发酵池。尽管环境艰苦，但聂广荣凭借对工艺的深刻理解和对品质的严格要求，带领古井酒厂逐步走上正轨。他曾在各个岗位上工作，对酿酒的每个环节都了如指掌，这种劳模精神和工匠精神对古井酒厂的发展产生了深远影响。

在聂广荣的领导下，古井酒厂的白酒在1963年第二届全国评酒会上大放异彩，以其"色清如水晶，香纯似幽兰，入口甘美醇和，回味经久不息"的独特风格，荣获金奖，成为"中国八大名酒"之一。这一成就标志着古井贡酒的复兴，也为其后续发展奠定了坚实的基础。

然而，古井贡酒的发展道路并非一帆风顺。与其他大型酒企相比，古井贡酒无论在品牌影响力还是市场资源上都显得相对弱势。但是，有劣势不要紧，重要的是看待劣势的方式。可以说，正是这些劣势激发了古井贡酒的创新与变革。

首先，古井贡酒开始着手调整产品结构，针对市场需求和消费者口味的变化，推出了适应不同消费群体的新产品。它们不仅在口味上进行了多元化尝试，也在包装设计上下足了功夫，以适应年轻消费者的喜好。其次，古井贡酒加大了品牌建设和市场营销的力度，通过各种渠道提升品牌知名度和美誉度，从而增强了市场竞争力。

最关键的是，古井贡酒充分利用了自身作为"中国八大名酒"之一的历史文化优势，将这一传统形象与现代市场策略相结合，打造出独特的品牌文化。通过强调其历史传承和文化价值，古井贡酒成功地将传统白酒的劣势转化为吸引消费者的优势。最后，古井贡酒还积极拓展国际市场，通过参与国际酒类展览，与外国酒企进行技术交流和合作，提升了国际影响力。

传说古井贡酒的历史可追溯至公元 196 年，当时曹操将"九酝春酒"（古井贡酒的前身）进献给汉献帝，并介绍了其酿造方法《九酝酒法》，被认为是古井贡酒历史的起点。古井贡酒凭借其悠久的历史和独特的酿造技艺，在中国酿酒史上占有重要地位。

聂广荣对古井贡酒的贡献不仅在于他个人的辛勤付出，更在于他对品质的坚持和对传统工艺的传承。他的精神激励了一代又一代的古井人，为古井贡酒的持续发展和创新提供了强大的动力。在古井酒厂内，至今仍然保留着传统的酿造厂区，经验丰富的酿酒师们采用纯手工的"混蒸续渣"以及"回醅发酵"工艺，以桃花曲、伏曲、菊花曲这"两花一伏"做发酵剂酿酒，这些都是古井贡酒独特风味的重要组成部分。

2014年，自梁金辉担任古井集团董事长以来，提出了"百亿辉煌和三甲殊荣"的目标，希望在5年内实现营收200亿元，并进入白酒行业前三名。面对产品结构老化和市场竞争激烈的挑战，古井贡酒开始调整产品结构，推出新产品，适应市场需求和消费者口味的变化。同时，加大了品牌建设和市场营销的力度，通过各种渠道提升品牌知名度和美誉度。

古井贡酒充分利用了自身作为"中国八大名酒"之一的历史文化优势，将传统形象与现代市场策略相结合，打造出独特的品牌文化。

在梁金辉的领导下，古井贡酒积极拓展国际市场，参与国际酒类展览，与外国酒企进行技术交流和合作，提升了国际影响力。还在智能化生产和数字化转型方面做出努力，投资近90亿元建设智能园区，提升了生产效率和产品质量。

古井贡酒的创新和转型，使得古井贡酒从一个面临多重挑战的地方小酒厂，发展成为中国白酒行业的重要力量。古井贡酒的故事说明即使在竞争激烈的商业环境中，通过智慧和努力，也能将劣势转化为赢得市场的优势。

劣势并不是终点，也可能是我们创新和改变的起点。面对劣势，我们首先要有清醒的认识，然后勇于接受挑战，寻找改变的可能性。通过创新思维和不懈努力，我们一定可以将劣势转化为通往成功的阶梯。

第四章
稳扎稳打，万丈高楼平地起

▶ 钻研是一种势不可挡的力量 ◀

在通往成功的路上，有很多因素是必不可少的，其中有一项就是钻研的精神。

正是这种钻研精神，造就了古往今来许许多多的科学家、文学家，以及一个又一个大商人。

胡西园是近现代以来的实业家，他制造出中国第一个自制灯泡，创办中国第一家灯泡厂，被誉为"中国灯泡之父""中国电光源之父"和"中国照明电器工业的开拓者"。拥有这样的成就，离不开他的钻研精神。

一次偶然的机会，胡西园看到了商店橱窗里用电灯照明的场景。这种新奇的照明方式让他驻足凝视，心中充满了疑问和好奇。

在那个年代，大多数人家使用的都是煤油灯，而电灯这种新鲜事物确实让人感到新奇。胡西园上学以后才明白，白炽电灯是

1879 年发明的，后来逐渐被世界各国所采用。这个神奇的发明让胡西园对电灯产生了浓厚的兴趣。

16 岁那年，胡西园就读于浙江镇海县立中学。暑假期间，他来到上海，住在亲戚于某家中。于某是一家纱厂的经理，胡西园便常常到厂里去玩儿。他对电器充满了好奇心，喜欢调试电阻电压，试验电灯泡亮度。然而，不巧的是，他在实验过程中弄爆了总保险丝，导致全厂停电。这次意外让他惊魂未定，也中断了实验。

然而，这次意外并没有让胡西园对电器的兴趣有所减退。相反，他对电器的研究更加深入了。他开始阅读各种关于电器的书籍，了解电器的原理和应用。他发现，电器的世界是如此地神奇和广阔，充满了无尽的探索和挑战。

中学毕业后，胡西园选择了到浙江工业学校就读。在这里，他可以更系统地学习电器知识，更深入地研究电器的原理和应用。他希望通过自己的努力，能够掌握更多的电器知识，为中国的发展作出贡献。

在浙江工业学校的学习生活中，胡西园不仅学习了电器的理论知识，还进行了实践操作。他经常参加各种电器实验，通过实践来巩固理论知识。

在当时，尽管关于电灯泡制造工艺的零星信息偶尔出现在国内外的杂志上，但这些信息远不足以让胡西园和他的团队掌握核心技术。他们面临着一个巨大的挑战：如何将这些散乱的资料转化为实际的技术成果。胡西园决定将宿舍改造成一个简陋的实验室，与钟训贤和周志廉一起，开始了一场艰苦的研究之旅。

首先，他们需要解决氧化问题，这是灯丝制造过程中的一大难题。氧化会破坏灯丝的结构，使其无法正常工作。为了解决这个问题，他们必须确保玻璃壳内没有空气。为此，他们想尽了各种办法，最终搞到了一台小型真空"邦浦"（真空泵）。然而，这台机器的性能并不理想，真空度仍然不够高，灯丝通电后数秒钟就会氧化。

面对这个困境，胡西园和他的团队并没有放弃。他们继续寻找更先进的设备。后来，他们通过科学仪器馆的顾鼎梅，买到了一台较新的真空机。与旧机器相比，这台新机器的效率大大提高，使得他们的实验研究得以继续进行。

在解决了真空度问题后，胡西园和他的团队开始着手解决其他技术难题。他们根据散乱的资料，结合实物不断琢磨、不断试验。

在这个过程中，胡西园和他的团队展现出了坚强的毅力和极高的智慧。他们不仅需要克服技术上的难题，还需要面对外界的质疑和压力。然而，他们始终保持着坚定的信念，相信只要不断努力，就一定能够取得成功。

在那个科技尚不发达的年代，电灯泡的制造对于中国人来说是一项巨大的挑战。胡西园和他的团队在实验室里经历了无数次的失败和挫折，但他们从未放弃过。每一次失败都是一次宝贵的经验，他们从中总结教训，不断改进技术，攻克了一个又一个难关。

在那个连一根钉子都要向外国人买的旧中国，胡西园深知自己肩负着重要的使命。他变卖了一部分家产，筹集到 3 万元作为原始资本，在上海北福建路唐家弄 242 号开始了电灯泡的生产。创业的道路并不平坦，头一年半一直在"烧钱"。除了祖屋外，胡西园将其他资产悉数变卖，为的是实现自己的梦想。

在经历了无数次的失望与沮丧后，他们终于迎来了曙光。1921 年 4 月 4 日，第一只"Made In China"的电灯泡（长丝白炽泡）闪亮登场。这一刻，他们的努力和付出终于得到了回报。胡西园后来回忆说："在人类登上月球的今天，一只电灯泡已经不足为奇了。但是在当时，连一根钉子也要向外国人买的时代，中国人要自己制造出一只电灯泡，并非易事。"

胡西园的成功不仅是因为他的智慧和勇气，更是源于他对国家的热爱和责任感。他用自己的实际行动证明了中国人有能力制造出高质量的产品，为国家的发展作出了巨大贡献。

如今，我们已经进入了一个新的时代，科技的发展日新月异，但我们仍然需要向胡西园学习那种钻研精神。

钻研是通往成功之路的加速器，尽管这条道路并不平坦。

▶ 张裕葡萄酒的不朽传奇 ◀

一个人的成功，多半来自于他专注自己的领域，而不是"三天打鱼两天晒网"。

浮躁的人往往难以成功，在于他难以把握住自己的财富。就算是老天爷将财富递到了他的面前，他也只能看到眼前的一亩三分地，而看不到长远利益，从而错失机会。要么就是只赚取了一点点财富，要么就是很快把资产败光。

专注不仅是一项品质，更是一个商人成功的必备要素。

张振勋是近代著名的客属华侨实业家，爱国侨领、近代中国"实业兴邦"的先驱、张裕葡萄酒的创始人，被美国人称为"中国的洛克菲勒"。

光绪十七年（1891），此时的张振勋已经成为了当时的巨富。著名的红顶商人盛宣怀奉朝廷之命，在海外招商引资，于是找到了张振勋，希望他到山东烟台开矿或办铁路。

　　无论是开矿还是办铁路，在当时来讲都是一劳永逸的事情，更何况他背后还有盛宣怀坐镇，只要他点个头，说一声"好"，接下来，财富就会源源不断流入他的腰包。

　　面对盛宣怀的邀请，大部分人可能会飘飘然，觉得万事大吉了，张振勋却不同。他知道自己是卖酒出身的，对酒更熟悉，铁路和矿业虽然也能赚钱，而且很大概率赚得要比自己卖酒多得多，但他对此不感兴趣。他对盛宣怀表示，自己对酒更有经验，对做铁路、开矿他也不是不能涉足，只是没有什么经验。

　　盛宣怀邀请张振勋先住下来，然后带他四处考察烟台的地理环境和商业资源。张振勋看了半天后，也有了自己的想法，他认为，烟台要是作为一个港口，生意恐怕不是很好，因此可以暂时搁置修铁路的想法。至于开矿，看上去很有前途，但自己真的是兴趣不大。

　　就在二人一起走的时候，突然，张振勋开口问了一句："我可不可以在这里种葡萄？"

　　盛宣怀听了，有些难以置信，因为在他看来，种葡萄是一件太不起眼的事。更何况，从当时的大环境来讲，人人都想为国家争一口气，让洋人看看中国的实力与态度。在这种情况下，无论是发展矿业还是铁路业，都是一个很好的选择。

　　至于种葡萄……种了有什么用呢？种葡萄能让中国在外国人

面前挺直腰板说话吗？能让洋人对我们高看一眼吗？

盛宣怀愣了一下，随口说道："你再讲一次。"

张振勋说："我可不可以在这里种葡萄？"

盛宣怀听清了张振勋的话后，说："可以。我可以给你一千亩的荒山种葡萄。我想请问你，你种葡萄想干吗？"

张振勋说："我想酿葡萄酒。"

盛宣怀再次愣了一下，说："好吧，你既然不想开矿，也不想做实业，那你就酿葡萄酒吧。"

正是因为盛宣怀的理解与不过问，成就了一代"酒王"，也给了张裕葡萄酒一个出世的机会。

在那个时期，张裕公司的北侧海域停泊着众多外国军舰。张振勋自然不会错过这些顾客，因此，他们划着小船，先给外国士兵们提供了一些免费的葡萄酒试饮，这些士兵对此表示热烈欢迎。当他们逐渐习惯了张裕葡萄酒的味道后，公司停止了免费试饮的活动。此时，士兵们已经对酒产生了依赖，自然而然地愿意掏钱购买，从而使得酒的销量迅速上升。

据说在当年，有一个士兵因为贪杯张裕白兰地，不慎落入海中，他的同伴们急忙进行救援，场面一度混乱。然而，令人惊讶的是，这名士兵很快就依靠着小船爬了上来，并且还向众人做了个鬼脸。士兵们虚惊一场，从此给张裕白兰地起了一个绰号——"难醉易醒酒"。

张振勋不仅亲自参与这种体验式营销，还经常亲自扮演推销员的角色。

在北京任职期间，他常常带着随从前往东交民巷的酒楼、餐馆，并且总是点名要喝张裕酒。当服务员把酒送到桌上时，他会热情地询问服务员："你尝过这种酒吗？我走遍世界各地都未曾尝过这样的佳酿，它真是无与伦比的美味！来，尝一尝！"说着，他会倒满一杯酒递给服务员，直到对方连连称赞这酒"绝佳"才罢休。

此外，当今常见的媒体广告宣传手段在当时也被张振勋运用得炉火纯青。他在报纸上刊登广告，还在车站和码头展示巨幅广告，甚至定制酒杯送给茶楼、酒馆。上海有一家报纸曾悬赏500大洋公开征集对联，上联是"五月黄梅天"，而下联"三星白兰地"则是以重金悬赏的答案。当谜底揭晓时，人们才意识到这个下联原来是一种酒名。这背后实际上是张裕的巧妙宣传。

1915年4月，年近古稀的张振勋应美国总统威尔逊的邀请，率领代表团前往美国，旨在签署中美银行合约并筹备在北京、上海以及美国的纽约、旧金山建立首个中美合资的国际金融机构。同时，张振勋还带领中国代表团参加了在旧金山举办的"巴拿马太平洋万国博览会"，并在巴拿马万国博览会上夺得头等金牌奖章，这一成就使其在国际上崭露头角。

然而，在这次博览会上，由于当时中国葡萄酒在国际上缺乏知名度，法国、德国等国家的展厅内人潮涌动，张裕葡萄酒的展位却门可罗雀。一天，几位外国参观者偶然路过张裕的展厅时，一位工作人员灵机一动，故意将一瓶葡萄酒"不慎"打翻，顿时酒香四溢。这股酒香不仅吸引了那几位外国人的注意，还让其他展厅的外国人纷纷慕名而来。那位工作人员随即笑容满面地邀请他们品尝这独特的美酒。

张振勋见状，也有了自己的想法。有一次，他倒了一杯张裕可雅白兰地，朝着法国人莫纳走去。莫纳可谓当时法国葡萄酒业内的权威人士，很有影响力。张振勋故意带着自己的那杯酒，从莫纳身前走过，一边走一边摇晃手中的酒杯。

谁承想，酒杯里传出来的酒香被莫纳闻到了，莫纳对此十分惊讶，上前抿了一口。顿时，葡萄酒的醇香扑鼻而来，令他十分陶醉。然后，他询问道："此酒产自哪里？"

张振勋见莫纳主动问话了，泯然一笑，不紧不慢地说："中国烟台。"

自此之后，张振勋的白兰地非常好喝还征服了莫纳先生的消息就四处传开了，大家纷纷前来品尝。从这时起，张振勋的酒业从山东烟台出发，走向了全世界。

如今，张振勋创立的张裕葡萄酒已经是葡萄酒业内的著名品牌。2022 年，张裕葡萄酒厂在柏林葡萄酒大赛上第三次赢得"最佳葡萄酒生产商"特别大奖，成为中国产区唯一获得该项荣誉的企业。此外，2023 年，张裕葡萄酒在全球最强葡萄酒 & 香槟品牌榜单中以 83.2 分的最高分成为"全球最强葡萄酒与香槟品牌"第一名，进一步证明了其在全球葡萄酒行业中的地位和影响力。

不得不说，张裕葡萄酒之所以有今天的成就，离不开其创始人张振勋早年的稳扎稳打，只专注于自己的领域。试想，如果他当初采纳了盛宣怀的建议，去开矿或兴办铁路，也许也能富极一时，但肯定不会有持久的成就与荣耀。

这一切，来自于他的专注，来自于他对葡萄酒的热爱。

这一切，开始于他的那一句提问："我可不可以在这里种葡萄？"

▶▶ 把简单的事做好，就不简单 ◀◀

有很多事情，看上去非常简单，人们不屑于做，这是很多人都普遍存在的心理。但只有我们将这些简单的事情都认真做好，成功才会距离我们更近一步。

俗话说"万丈高楼平地起"，任何伟大的成就都是从基础做起，逐步积累而成的。在追求卓越的道路上，我们必须脚踏实地，从最基础的工作做起。

一个人要想在自己的领域取得卓越的成就，就必须专注于自己的工作，将每一件小事都做到极致。只有这样，才能将简单的工作变得不简单，在平凡的岗位上创造出非凡的价值。这种专注和执着的精神，是通往成功的必经之路。

以弹钢琴为例，没有人是天生的钢琴家。他们之所以能够成为钢琴家，并不是因为他们拥有特殊的天赋，而是因为他们愿意投入时间和精力，去专注于那些看似简单实则需要极高技巧的练习。那些技艺高超的钢琴家们，都是通过反复地练习，才逐渐掌握了钢琴的技巧和艺术。

人生中很多事情都是如此。在各行各业中取得成功的人们，他们的成功并非一蹴而就，而是源于他们对简单事情的专注和坚持。他们愿意花费时间去钻研每一个细节，去完善每一个环节，从而在平凡的工作中创造出不平凡的成就。

雷军创立小米，其实一开始并未被所有人看好。小米的成功，与雷军及其团队的专注脱不开关系。

在智能手机行业中，小米的发展速度几乎是一个传奇，可以说是前所未有。自小米公司成立以来，其市值已经达到了千亿级别。2014 年底，甚至有投资机构对小米的估值高达 450 亿美元，折合人民币约 3000 亿元。那么，这个前所未有的传奇是如何实现的呢？关键在于小米坚持将简单的事情做到极致的理念。

早些年，在手机市场竞争日益激烈、产业布局越来越丰富的背景下，许多手机企业都在努力拓展自己的业务范围。然而，小米并没有选择这样的道路。小米的做法显得非常普通，那就是专注于一件简单的事。无论是做手机还是后来做其他产品，小米都只专注于当下。

2013 年 5 月 7 日，一个标志性的事件发生在北京——全球互联网大会的召开。这场盛会汇聚了众多手机行业的领军企业，包括小米在内的众多知名企业都参与了这次会议。互联网大会的一个重要环节是展示，各个企业都带来了他们的最新产品或技术，希望能够吸引观众的目光和兴趣。

在会场中，每个参展的企业都在思考如何更好地吸引人们的注意力，如何让自己的展台更加炫目多彩。小米的展台位置并不是最显眼的，但他们却做出了一个出人意料的举动——在展台上直接卖手机。小米的展台被布置得像一个小型专卖店，旁边设有收款台，顾客可以选择刷卡或付现金购买手机。许多人在收款台前排队等待购买小米的手机。

小米早年的成功不仅依赖于营销策略、口碑传播或产品设计。实际上，小米成功的基石在于他们扮演了一个优秀的店家角色，真诚地销售产品。对于大多数人来说，获得成功的路径似乎是不断尝试，挑战那些充满机会的领域，以便最大限度地把握成功的机会。然而，小米的成功经验告诉我们，还有另一种通往成功的"捷径"，那就是专注于眼前的事情，把眼前能够做的、最容易做的、最简单的事情做好。

这种专注和简单化的策略在小米的展台上得到了生动的体现。尽管他们的展台位置并不理想，但他们并没有选择花费大量资源去争夺更好的位置或者进行华丽的布置。相反，他们选择了一种更为务实的方式——直接在现场销售手机。这种做法不仅展示了他们对产品的信心，也展示了他们对顾客需求的关注。

有时候，最简单的方法可能就是最有效的方法。在追求成功的过程中，我们不必总是寻求复杂或高深的策略，而是应该专注于做好眼前的事情。通过真诚地对待每一位顾客，提供优质的产品和服务，我们可以建立起良好的口碑和品牌形象，从而在竞争激烈的市场中脱颖而出。

在现实生活中，我们常常会因为找不到所谓的"大机会"而感到焦虑和困扰。然而，如果我们仔细观察就会发现，其实简单的事情往往是现成的机会，它们就在我们身边，等待着我们去发现和把握。

如果仅从资金和人力的角度来看，雷军所创立的小米企业的起点并不算低。然而，当我们将视线转向整个手机行业这个更为广阔的舞台时，与苹果、三星这样的行业巨头相比，小米的起点就显得相对较低了。

尽管如此，早年小米却凭借着对卖手机这一简单事业的专注，成功地破浪前行，驶进了属于自己的一片汪洋。这不禁让人思考，同样从低处起步的我们，是否也应该具备像雷军和小米那样的智慧，专注于做好一件事呢？

在当今社会，许多人都渴望成功，但成功的道路并非一帆风顺。有时候，我们需要像小米一样，找到一条适合自己的捷径。这条捷径并不是指投机取巧，而是要求我们在众多选择中，找到自己真正擅长并且热爱的事情，然后全身心地投入其中。

当然，专注也并不意味着一成不变。在小米的发展过程中，他们也会根据市场的变化和消费者的需求进行调整和创新。正是这种既专注又灵活的态度，使得小米能够在激烈的市场竞争中脱颖而出，成为行业的佼佼者。

手机行业的竞争非常激烈，各个品牌都在努力寻找突破点。现在手机行业比拼的是服务和创意，然而服务很难找到新的突破口，创意又不是轻易能够想到的，在这种局面下，通过寻找更大的机会来创造成功谈何容易。但如果我们换个角度思考，会发现卖手机这个机会却是现成的。无论手机市场怎么发展，买卖肯定是第一位的。有这个因素在，那么做好了卖手机这件事，也就等于把握住了机会。我们可以从小事做起，比如，提高自己的销售技巧、了解消费者需求、优化售后服务等。这些看似微不足道的事情，却可能成为我们在激烈的市场竞争中脱颖而出的关键。只要我们有决心和毅力，就一定能够在这个行业中找到自己的位置。

此外，我们还可以通过创新来寻求突破。我们可以关注行业动态、学习先进技术、与同行交流经验，从而为自己的产品注入新的活力。虽然创意不是轻易能够想到的，但只要我们敢于尝试、勇于创新，就有可能找到那个能够引领市场潮流的点子。

对于很多创业者和创业企业来说，包括资金和人力在内的精力经常是有限的，因而如何分配精力就成了大问题。专注于做最简单的事，才能够集中精力办大事。精力分配不好，即便有机会也容易导致失败。而专注就是将所有的精力放在一个目标上面，如果专注的是最简单的事情，那就更有利于精力的集中。

这种简单的事情往往是最基础、最关键的部分，比如，产品的核心功能、市场的基本需求等。在创业初期，资源有限，时间和精力都十分宝贵。因此，选择专注于最简单的事情，可以更好地利用有限的资源，提高工作效率。只有将这些基础打牢，才能保证后续的发展。

专注于最简单的事情还可以帮助企业和个人更快地找到自己

的定位和优势。在竞争激烈的市场环境中，明确自己的定位和优势是至关重要的。通过专注于最简单的事情，可以更加清晰地了解自己的优势所在，从而更好地发挥自己的潜力。

当然，专注于最简单的事情并不意味着忽视其他重要的事情。相反，它需要我们在保证基础的同时，也要有全局的视野和战略的思考。只有在保证基础的前提下，才能更好地应对各种挑战和机遇。

从雷军与其小米的创业历程来看，我们至少可以获得以下的收获：

大事有大事的办法，小事有小事的办法。如果你拥有几十亿元资产，那么多项经营对你来说并不是问题，因为你有足够的资源和资金来支持多个项目的发展。然而，如果你只有几十万元的资产，那么，从一件事上开始起步可能更为现实一些。

我们要明白，专注做好一件事并不容易。它需要我们时刻提醒自己要心无旁骛，不能被身边的其他事物所诱惑。在这个信息爆炸的时代，我们每天都会接触到各种各样的信息和机会，很容易让我们分心。因此，我们需要学会筛选和专注于那些真正对我们有意义的事物。

反反复复地在一件事上面寻找乐趣是成功的关键之一。无论是学习、工作还是创业，都需要我们不断地重复和实践。这个过程可能会让人感到枯燥乏味，但只有坚持下去，才能逐渐发现其中的乐趣和成就感。

此外，用高标准去严格要求自己也是非常重要的。这并不意味着要做到完美无缺，而是要追求卓越和不断进步。我们应该对自己的工作和努力保持高标准，不断挑战自己的极限，这样才能不断提高自己的能力和水平。

最后，只有当这些要素全部具备了，你才具备了一个成功者的素质，你的企业才能够成为一个成功的企业。成功并不是一蹴而就的，它需要我们具有专注、耐心、毅力和追求卓越的品质。只有通过不断地努力和坚持，我们才能够实现自己的目标和梦想。

第五章
万物有道，把握时机的周期

▶ 人弃我取，人取我与 ◀

万物皆有其道。道并不会随着时间的变化而变化，它是恒定不变的，但道又是难以说清楚的，我们只能从日常生活中勉强了解到道的一面或几个面。正如老子在《道德经》中所言："道可道，非常道。"

宇宙有道，万事万物有道，商人也有自己的商道。只有掌握了其中的道，我们做事的时候才能根据道所延伸出来的规律采取行动。然而，正因为道不可言喻、不可捉摸，看不清道不明，很多人在做事做生意的时候才会感觉特别困难。

幸运的是，我们不必自己从头研究，因为已经有很多古人给我们留下了智慧。我们追寻圣贤的道路，纵使不可一览其全貌，至少也能做到游刃有余。

比如白圭，被誉为华夏"商祖"。

白圭是周地的居民。在魏文侯统治时期，相国李悝正在努力开发土地资源，而白圭却对观察市场行情和年景的变化有着浓厚的兴趣。他采取了一种独特的经营策略：当别人放弃时，他却选择获取；当别人争相获取时，他则选择给予。具体来说，当谷物成熟丰收时，他购入粮食并出售丝绵；当蚕茧成熟时，他买入锦帛棉絮并出售粮食。

为了增加财富收入，他会收购次等的谷物；为了提高谷物产量，他会购买优质的种子。他生活简朴，饮食清淡，节省穿戴，与劳动的奴仆同甘共苦。因此他说："我经营产业的方式就像伊尹、吕尚筹划谋略，孙子、吴起用兵，商鞅推行变法那样。"他认为如果一个人的智慧不足以随机应变，勇气不足以果敢决断，仁德不能正确取舍，强健不能有所坚守，那么即使想要学习他的经营之术，他也不会传授给对方。

当时天下人都认为要赚钱就应该效仿白圭。

白圭的经商之道总结下来就八个字：人弃我取，人取我与。

用今天的话来讲，"人弃我取，人取我与"的核心理念是在市场需求尚未形成时，提前大量购入价格较低的商品，待市场急需、价格上涨时再出售。这种策略被称为"待乏"原则，与范蠡的"旱则资舟，水则资车"的思想相似。有一次，当商人们纷纷低价抛售棉花时，白圭却逆势而行，大量收购棉花。随后，市场上传言皮毛价格将上涨，商人们又开始抢购皮毛。而白圭则迅速将手中的皮毛卖给了这些商人。不久后，由于连绵阴雨导致棉花歉收，市场上棉花紧缺，那些之前卖完棉花的商人又开始四处收购棉花。而此时白圭却不慌不忙地将储存的棉花投放市场，大赚了一笔。过了一段时间，原本被认为要涨价的皮毛价格却暴跌，商人们担心价格继续下跌，只好赔本抛售。

这个故事表面上看体现了白圭与众不同的经营理念和方法，但实际上告诉我们，作为一名成功的商人不能盲目跟风，更不能贪婪无度、缺乏预见性。

当然，什么时候"取"，什么时候"与"，也是有讲究的，而不是反着大潮流来就可以。其中最重要的一点就是总结规律，看准时机。

白圭在经商过程中，并不局限于追求达官贵族所青睐的珠宝玉器等高利润商品，而是将目光投向了农副产品的经营。他坚持薄利多销的原则，树立了诚信商人的良好形象。他提出了"欲长钱，取下谷"的经营理念，即经营生活必需品如"下谷"，虽然利润较低，但消费弹性小，成交量大，以多取胜。即使不抬高价格，也能获得丰厚的利润。

在后来的各个时期，凡是经营粮食、谷物等农副产品的商人，都以白圭的"欲长钱，取下谷"为座右铭。因为他们深知，农副产品是民众生活的必需品，也是消耗量最大的商品之一。要想在这类商品中获利，不能采取急功近利的做法。只有拥有长远的眼光和持续的经营策略，才能赚取更大的利润。

薄利多销的方法有两种：一是不在每件商品上抬价，而是加快商品周转速度，从而获得更多利润；二是经营市场广阔的商品，虽然每件商品的利润微薄，但通过扩大销售量可获得相当可观的利润。因为大多数商人都倾向于经营价值较高、价格空间较大的商品，以获取更高的利润。然而，事实证明，白圭的经营之道不仅开拓了更广阔的商业途径，还赢得了后人的高度赞扬和效仿。

在白圭看来，缺乏智慧和谋略的人很难在商业领域取得成功。他提出的"乐观时变"主张，即要密切关注不同时期的市场供求和价格变化。他认为经商就像作战一样，一旦发现时机成熟，就要勇于做出决策并迅速行动。商机稍纵即逝，只有紧紧抓住机遇，同时具备果敢的精神和敢于冒险的勇气，果断采取商业行动，才能取得巨大的成功，成为一位杰出的商人。

在商业活动中，商人还应具备高尚的商业道德。经商不仅是为了谋取利益，更是一种"仁行"。商人在做人做事时，应具备长远的眼光，不能只关注眼前小利，否则最终将难以有所成就。白圭所倡导的"仁行"，正是"时贱而买，虽贵已贱；时贵而买，虽贱已贵"经营策略的最佳诠释。

经商如同领兵作战，必须具有坚定的意志和毅力，为了事业全力以赴，百折不挠、坚定不移的品质和修养。在商业萧条、缺乏商机的时候，要有足够的耐心，等待时机的到来；在经商过程中，面对不断出现的困难与挑战，必须有充分的思想准备，具备坚持不懈的意志品质和吃苦耐劳的精神。

简而言之，白圭的商道是把握时机的道，一个能够把握准确时机的商人，在该出手时就出手，在该抛弃时抛弃，在该扩大生产的时候加购机器生产，在该退出市场的时候绝不拖泥带水，那么他距离富甲一方也就只有一步之遥了。

▶▶ 抓住机遇，做合适的事情 ◀◀

对于商人来讲，时机的把握非常重要，就像炒菜一样，晚一点儿出锅不行，早一点儿出锅也不行，要选取一个恰当的时机出锅。当然，早一点儿晚一点儿出锅并不是说菜就不能吃了，而是失去了它最精华的味道，不好吃了。

可能有人会说，不好吃就不好吃，能吃不就行了吗？

相信正在阅读本书的各位读者，都想成为富甲一方的大商人，至少内心是有这个愿望的。因此，我们追求的不是能吃，而是好吃。我们追求的不是能赚，而是大赚。

要想把握住时机，最重要的就是不能急。俗话说"心急吃不了热豆腐"，在商业世界中，这个尤为重要。很多人一上来就要大干特干，全然不顾现在大干特干的时机是否恰当。这么做，就算最后事成了，也会花费更多的气力，事半功倍。

在近代中国的商业发展史上，谈起武汉的民族资本，不得不谈宋炜臣；谈起武汉民族工业的发端，不得不谈宋炜臣创建的燮昌火柴厂和既济水电公司。

宋炜臣的发迹得益于另一位上海大老板叶澄衷的赏识。1882年，大老板叶澄衷回到老家庄市扫墓祭祖。在购买祭品的途中，他走进了一家店，一个小伙子热情地上来迎接。

大老板见小伙子干活儿非常麻利，一边帮客人清点货物，一边很快就算清了账目，头脑非常灵活，立即就喜欢上了他。心想，自己在上海的那么多生意，要是有这么一个小伙子帮衬自己就好了。

不过，来不及多想，因为叶澄衷急着去扫墓，在拿到祭品后，就扔下了银圆匆匆离开了店铺。

没走多远，叶澄衷就听到有人在背后喊他，回头一看，原来是刚刚那个小伙子追上来了。叶澄衷不知小伙子找自己是什么事，急忙停下，等着小伙子赶上来。

原来，是刚刚叶澄衷多付了钱款。小伙子追上来将几文钱的找零给了叶澄衷。叶澄衷也很好奇，说："就这么几文钱，你拿着就好了，值得你跑这么远的路来还吗？"

小伙子说："那怎么行，做生意就是做生意，一就是一，二就是二，不该拿的钱，我一文钱也不会多拿。"

叶澄衷对小伙子更加感兴趣了，一番询问后得知，小伙子叫宋炜臣，只有 16 岁，此前上过几年私塾，读过一些书，认得一些字。

叶澄衷更加喜欢小伙子了，祭祖回来后，就将他招到了自己身边，带着他一起前往上海发展。无论是在近代还是现代，上海一直都是繁华的大都市，是商人聚集的地方，机会很多，前景也很光明。

宋炜臣也非常乐意追随大老板前往上海。

到了上海后，叶澄衷只给宋炜臣安排了一些很简单的活儿让他做。宋炜臣也没有怨言，因为他知道，有些事情急不来。按理来说，宋炜臣的确有一定能力，但他甘愿做着简单的活儿，不急于在老板面前表现自己的才能与勇气，这才是他日后成功的关键因素。试想，有多少人急不可待地想在新天地里一展宏图，有多少人迫不及待地想在赏识自己的老板面前表现自己，但最终大多都只是昙花一现。并不是说这些人没有能力，而是他们没有把握住恰当的时机。

实际上，安排宋炜臣做一些简单的活儿，也是叶澄衷有意为之，因为他想再仔细观察一下，眼前的小伙子是否可以委以重任。如果他做事很急躁，那么日后肯定成不了大器，最多只是当一个小领班，成不了富甲一方的大商人。

1890 年，宋炜臣已经 24 岁了，放在今天是一个大学刚毕业的学生的年纪。叶澄衷开办了一家火柴厂，第一时间就提拔宋炜臣担任厂里的协理，实际上总揽全厂的大小事务。宋炜臣非常能干，只用了一两年的时间，就将厂里的火柴销售到了长江中下游的多个省市。三年后，宋炜臣已经成为了火柴厂的经理，在上海商业圈中也有了一定的知名度。

宋炜臣再一次打动了叶澄衷，叶澄衷认为他是一个难得的人才，觉得自己果然没有看错人。此时的叶澄衷已经年过半百，自知留在这个世上的日子不多了。他在上海发迹后，就一直想把自己的生意做到汉口去，因为汉口号称"九省通衢"，水陆交通十分便利，一直以来就是中原的经济枢纽。

这个想法虽然一直存于叶澄衷的头脑之中，但迟迟没有落实。他之前忙于上海的生意，没有时间。现在有时间了，但人老了，没有精力跑到武汉去开创新的生意。

于是，叶澄衷找到了宋炜臣，希望他能带着自己的愿望前往汉口再创辉煌。

1896 年，宋炜臣带着 25 万两白银和叶澄衷给湖广总督张之洞的亲笔信来到汉口创业。宋炜臣带着信件拜见了张之洞，张之洞也非常高兴，因为那时的中国需要资金，需要创业，尤其是实体业。

然而，出人意料的是，在得到张之洞的帮助后，宋炜臣竟然没有按照叶澄衷的安排开办火柴厂，而是做起了军服生意。

难道说，宋炜臣背叛了叶澄衷吗？他现在翅膀硬了，胆子大了，就将提携自己的人抛到脑后了吗？

并不是，因为宋炜臣非常清楚时机的重要性。他现在从上海来到湖北，属于人生路不熟的新人，无论他在上海多有威望，背后的张之洞多么器重他，但他在汉口也还只是一个普通人。

不得不说宋炜臣是一个善于等待、把握时机的高手。做军服生意，只是为了先探底，先混入当地圈子，为日后的火柴生意打下基础。

果然，等到宋炜臣在军服生意上大赚一笔后，他就在当地开办了火柴厂，并利用张之洞等人的关系，向朝廷申请了独家生产火柴的专利。因为之前的军服生意已经为其建立了人脉资源，再加上手上有朝廷颁发的独家许可证，宋炜臣的火柴厂刚开办就喜迎丰厚的利润，第一年就赚了白银 18 万两。之后的几年，宋炜臣的火柴厂如日中天，销量逐年递增，很快就占领了广阔的内地市场。

第一年就盈利 18 万两白银，是什么概念？

要是宋炜臣一来到汉口就办火柴厂，也许中途会遇到其他的竞争对手，当地的商人或许也不会给他面子。就算有张之洞撑腰，他的生意多半也会夭折。

随着时代的发展，当时中国对世界科技的了解也与日俱增。宋炜臣很快就意识到了，火柴的增量不可能一直持续下去。人们一般在什么时候用火柴？一般在点火的时候，点火主要为了干什么呢？为了取暖，为了照明。

对了，照明！

早在 1879 年，远在太平洋另一端，电灯泡已被发明出来。

宋炜臣的目光转向了一个新兴领域：水电。当时，汉口还没有一家公用水电事业。尽管有外国商人多次向张之洞提出办水电公司，但张之洞以"公用事业关系到国家主权"为由拒绝了外国商人的请求。

宋炜臣再一次敏锐地抓住了时机，他联合浙、鄂、赣的 11 名商人一起上书张之洞，申请开办水电公司。张之洞非常欣慰，他本来就很喜欢宋炜臣，而且他对世界形势也有一定的了解，知道水电等新兴科技产业未来必定会走入中国，因此，看到宋炜臣等人的申请后，他立即表示同意。

1906 年 7 月，"汉镇既济水电股份有限公司"在江汉路正式成立，宋炜臣担任总经理。两年后，既济水电公司电厂开始供电，一时之间，一万八千盏电灯照亮了汉口的夜晚。

顿时，宋炜臣成为了汉口家喻户晓的名人。

仅仅过了一年，公司的水厂竣工，可以供水了。汉口的百姓对此十分惊奇，因为只要水龙头一打开，就有水源源不断地流出，这是他们从未有过的体验。

然而，百姓对此却忧心忡忡，因为自来水中加了氯，有一股怪怪的味道，当时的百姓不懂科学，以为是什么妖法呢，大都认为水有毒，不敢用。

宋炜臣知道后，亲自来到了汉正街供水站，当众打开了水龙头，喝了里面的水。

自此之后，汉口的百姓有了干净的自来水。

所谓的时机，就是在合适的时间做合适的事情，火候要掌握好。

▶ 打铁需趁早，时机一过不复来 ◀

俗话说，种下一棵树最好的时机，一个是十年前，另一个就是现在。

在商业世界中，最重要的是"信息"，因为这些信息就是商机。早一点儿知道和晚一点儿知道的区别可谓天壤之别。对于已经初具规模的企业和富甲一方的商人来讲，他们每天都在获取新的信息，早一步，你便成了引领者，雄踞一方；晚一点儿，你就只是一个追随者，只能喝汤；再晚一点儿，那你只能"重在参与"，望着前人的成功，两眼泪汪汪。

在生活中，我们也能见到很多人，他们获得的信息是一样的，脑子里的知识也是一样的，甚至就连面对的环境也差不多。但是过了几年，我们会发现，有些人已经平步青云，迈上了人生上升期的高速跑道，而有些人依旧一事无成，变化并不大。

这究竟是什么原因导致的呢？

说白了，就是行动力。那些走上人生巅峰的人，在得到消息后会立即行动，而那些没有变化的人，在得到消息后依然无动于衷。或许，他们是在等待另一个机会吧？可是，如果连眼前的机会都抓不住，又何谈以后呢？

1890 年，张振勋还没有创办张裕葡萄酒厂，有一次，他参加法国领事举办的宴会。席间，大家都对法国的白兰地名酒赞赏有加，法国领事大谈特谈法国的好酒，张振勋在旁边也附和着，此时，法国领事对他说："这种酒是用波尔多地区盛产的葡萄酿造的，如果用中国山东烟台所产的葡萄酿造，酒色也不会差。"

说者无意，听者有心。张振勋问道："这怎么说？"

法国领事于是告诉了张振勋一条重要的信息。原来，第二次鸦片战争期间，法国领事就是法军中的一员。当年，法军驻扎在天津附近，领事曾和其他士兵一起跑到了烟台，采摘了大量葡萄回去，用随军携带的小型压榨机酿造了一些葡萄酒。士兵们喝了一口之后都觉得特别棒，味道醇美，和法国原产的酒相比毫不逊色。

于是，这帮士兵就向上建议，以后若是瓜分中国领土，法国一定要争取到山东，这样法国就可以在烟台设置酿酒厂了。

张振勋听后大为震惊，将此事记在了心中。一来，原来列强早有了瓜分中国之心；二来，他就此知道山东烟台是种葡萄的上好之地。

张振勋是一个爱国商人，他听到法国领事的这段话后，心里也很着急。如果自己不去争取，那么烟台可能就会被这帮爱喝酒的法国人一直惦记。

与其让给别人，不如自己来做。

一年之后的 1891 年，张振勋受盛宣怀的邀请，到烟台商量开矿或办铁路。张振勋心中的理想在此时开始绽放。在面对盛宣怀之时，他放弃了开矿和铁路，而是问："我可不可以在这里种葡萄？"

得到了盛宣怀的同意后，张振勋立即投资 300 万两白银，开辟 3000 亩葡萄园，并从德、法、意等国引进 120 多个优质葡萄品种和 120 万株葡萄苗，红红火火地建造了中国第一个、也是亚洲最大和世界第三大的葡萄酒工业园基地，成立了以其姓氏"张"开头，以"裕"寓祖国昌隆兴裕之意的"张裕葡萄酿酒公司"。

有一次，张振勋派侄子到欧洲购买上好的葡萄苗，结果在运输途中，葡萄苗遭暴晒而枯萎，损失了十几万元。这对于张振勋来讲，无异于一次巨大的挫折。

很多人在面对这种情况的时候，会放弃，或是缩减开支，寻另一条路，避免更大的损失。然而，张振勋却认为，时机一过不会再来，尽管他非常痛心，但依然鼓励侄子，让他再去一趟欧洲。于是，侄子又去欧洲买了 120 万株葡萄苗。

在此之前，张振勋已经派遣侄子张成卿和亲戚朱寿山等人前往法国等地学习酿造葡萄酒的技术。当厂房建造完成后，他立即从法国进口了先进的酿酒机械设备。公司聘请的奥地利驻烟台领事巴保男爵严格按照法国的酿制方式来酿造葡萄酒，取得了很好的效果。张振勋对烟台葡萄"玫瑰香"品种情有独钟，他让巴保男爵以这种葡萄为原料，酿造出了著名的玫瑰香红葡萄酒。此外，他还以白葡萄为主要原料，加入一些中药材，酿成了味美思、白兰地葡萄酒。

张振勋的商业眼光和战略思维得到了充分的展现。他不仅注重产品的品质和创新，还善于利用人际关系为公司争取到更多的利益。张振勋通过与盛宣怀、李鸿章等官员建立良好关系，为张裕葡萄酒争取到了免税和专利的特殊待遇，这不仅降低了生产成本，提高了竞争力，还为公司的长远发展奠定了基础。

在张振勋的带领下，张裕葡萄酒开始崭露头角。他引进的法国酿酒技术，结合本地的优质葡萄品种，使得张裕葡萄酒在品质上有了显著的提升。同时，他还注重产品的创新，不断尝试新的配方和酿造方法，推出了多款深受消费者喜爱的葡萄酒。其中，玫瑰香红葡萄酒以其独特的口感和香气赢得了市场的广泛赞誉。

除了产品本身的品质和创新外，张振勋还非常注重营销策略。他利用各种渠道宣传张裕葡萄酒，提高品牌知名度。无论是参加国际酒展，还是在国内举办品酒会，他都不遗余力地推广张裕葡萄酒。这些努力使得张裕葡萄酒逐渐在市场上占据了一席之地，并成为中国葡萄酒行业的佼佼者。

1914 年 1 月 20 日，张裕葡萄酒以"双麒麟牌"为注册商标，惊艳亮相。然而，张裕葡萄酒之所以能够巨大成功，其最大的原因在于它在巴拿马太平洋万国商品博览会上的非凡表现。

1915 年，随着巴拿马运河的竣工，一场盛大的国际盛会——巴拿马太平洋万国博览会即将在美国旧金山拉开帷幕。张振勋受到美国总统威尔逊的邀请，率领中国代表团出席了这次博览会。这对于张振勋和他的张裕葡萄酒来说，无疑是一个在国际舞台上展现自我、扬名立万的绝佳机会。

为了在博览会上呈现最佳形象，张裕葡萄酿酒公司精心挑选了4款葡萄酒参展。这些葡萄酒不仅凝聚了张裕人的心血与智慧，更承载着中华民族的期待与自豪。

在众多参展产品中，张裕葡萄酒脱颖而出，一举夺得了头等金牌奖章！

这一成绩不仅是对张裕葡萄酒品质的肯定，更是对中华民族的产品的一次重要认可。这是中华民族的产品在世界上获得的第一块金牌，具有重大的历史意义。它标志着中国葡萄酒产业开始在国际舞台上崭露头角，为中华民族赢得了荣誉。

获得金奖的可雅白兰地更是因此声名鹊起，此后便一直被称作"金奖白兰地"。这一荣誉不仅是对张裕葡萄酒品质的极高赞誉，也成为张裕品牌的重要资产和象征。它见证了张裕葡萄酒从国内走向国际的辉煌历程，也激励着张裕人继续努力、追求卓越。

张裕葡萄酒在巴拿马太平洋万国博览会上的出色表现，不仅让世界重新认识了中国葡萄酒产业的实力和潜力，也为中国葡萄酒产业树立了榜样和标杆。这一壮举不仅彰显了中华民族的智慧和创造力，也为中国葡萄酒产业赢得了国际声誉和尊重。

从此以后，张裕葡萄酒便成为中国葡萄酒产业的代表和骄傲。它不仅在国内市场占据了重要地位，也在国际市场上赢得了广泛的认可和赞誉。

张振勋的成功，在于他一次又一次把握住了机会，这些机会稍纵即逝，一旦错过，或许会让人白白浪费几年甚至几十年的努力。

机会，是留给有准备的人的；机会，更是留给那些有行动力的人的。

▶ 顺应商业周期，不逆势而行 ◀

司马迁在《货殖列传》中表达了一个观点，即商业活动并非无序竞争的混乱局面，而是存在着一套内在的规律和原则。他认为，那些能够洞察这些规律、准确把握商机的商人，往往能够在激烈的市场竞争中脱颖而出，取得事业上的成功。

司马迁通过生动的叙述，展示了商业活动是如何在一个没有政府指导的环境下自发形成秩序的。在司马迁看来，商业并非政府精心策划和安排的结果，而是一个由无数个体基于自身优势和需求，自由竞争、自由交换的复杂系统。

司马迁在《货殖列传》中强调，每个人都有追求个人利益的动机，这种动机驱使他们发挥自己的特长，通过各种手段获取自己所需的物品或服务。这种自下而上的商业模式，不仅促进了商品和服务的多样化，也推动了社会分工和经济的繁荣。他的这一观点，实际上是对市场经济中自发秩序和规律性的一种肯定，表明即使在古代，人们也已经认识到了市场机制在资源配置中的重要作用。

司马迁的这种客观认识，不仅体现在他对商业活动的描述上，还反映在他如何描绘商人的形象上。他笔下的商人不是简单的财富追逐者，而是具有智慧、勇气和远见的社会成员。他们的活动不仅限于买卖交易，还包括了对市场的预测、风险的评估以及对商机的把握。这些商人的形象，为中国传统商业文化和商业伦理的形成和发展提供了丰富的素材和启示。

古代有很多人认为商人的地位是低贱的，他们唯利是图，只要能赚钱，他们什么都做。然而，司马迁却反对这种观点，他认为人的欲望是根植于天性之中的，追求财富是人的本性。他承认和肯定了这种欲望，并为商人的这种逐利行为辩护，赞赏商人的智慧。

比如，《货殖列传》详细地记载了一系列在商业领域取得显著成就的商人的生活和事迹，其中，范蠡无疑是一个特别值得深入研究和探讨的人物。

范蠡是春秋时期的著名政治家、军事家和经济学家，他在越王勾践统治时期发挥了重要作用。通过实施一系列精明的经济政策，范蠡帮助越国在短短十年之内实现了从贫穷到富强的巨大转变。越国不仅经济繁荣，还拥有了强大的军事力量，最终成功地灭掉了邻国吴国。

范蠡在经济管理方面的才能尤为突出，他提出的一系列经济观点和理论，如"强兵必先富国""旱则资舟，水则资车"，体现了他对经济规律的深刻理解和把握。这些观点不仅在当时具有重要的现实意义，而且对后世的经济思想产生了深远的影响。

除了范蠡之外，《货殖列传》还记述了其他一些著名商人的事迹，如白圭、猗顿和郭纵等人。他们在商业活动中展现出的敏锐洞察力、卓越的经营策略和丰富的实践经验，使他们在商界取得了巨大的成功。他们的智慧和经验被《货殖列传》所记录，成为了中国传统商业文化的重要组成部分。

司马迁通过对这些巨商们的财富创造历史的深入研究，发现他们之间存在一个共同的特点，那就是"与时俯仰，获其赢利"。这里的"时"，指的是时间，更准确地说，是时机、时势。这意味着，成功的商人都擅长根据不同的时代背景、社会环境和市场状况，来决策何时应该积极进取，何时应该适时收缩，何时应该采取激进的策略，何时又应该保守行事，从而能够在各种情况下，获取最大的经济利益。

在司马迁的眼中，这种时势或者说时机的选择，其实是对商业规律中的周期性的把握。他进一步提出了一个被后人称为"司马迁周期"的概念。这个概念是基于当时农业社会的实践经验，认为经济活动存在一个大约 12 年的周期。在这个周期中，每 6 年会出现一次丰收，接着是 6 年的干旱，然后是 12 年一次的大饥荒。这个周期性的经济波动，实际上是天体的周期性运行所引起的气候变动所导致的。

当然，这段内容描述的是一个古老而朴素的周期理论。在这个理论中，我们可以看到一个非常核心的观点，那就是司马迁已经对"商业所处的外在环境是周期性动荡的"这一现象有了初步的认识。这种认识在今天看来也是非常先进的，因为它揭示了商业环境中的一种基本规律。

那么问题也随之而来，在这样的环境中，经营者应该如何应对呢？这是一个非常重要的问题，因为它关系到商业活动能否成功。

《货殖列传》中提到了一种非常独特的策略，那就是"旱则资舟，水则资车"。这个策略的意思是，当出现大旱的时候，你应该投资船；而当遇到洪涝灾害的时候，你应该投资车。

即便在今天看来，这个策略也是非常有智慧的，因为它揭示了一个非常重要的商业原则，那就是周期是动态的，是周而复始的。也就是说，今天的旱灾，明天可能会导致水灾，需要船；今天的洪水，未来某一天可能会导致旱灾，车又能跑了。因此，当发生大旱的时候，船的需求会下降，价格自然会下降，这时候正是投资船的好机会。同样，当发大水的时候，车的需求会下降，价格也会随之下降，这时候正是投资车的好机会。

在当今的投资领域，我们经常讨论的概念如长线逆周期投资和价值投资，其实质与古代的智慧不谋而合。这些投资策略的核心理念都在于提前布局，即在市场还未完全意识到某个资产的潜在价值时，投资者便开始着手进行投资。这种策略强调的是利用市场的周期性波动，通过深入分析和洞察，超越短期的市场波动，展望长远的投资回报。

在现代投资界，沃伦·巴菲特是一位享誉全球的投资大师，他有一句名言："别人恐惧的时候我贪婪，别人贪婪的时候我恐惧。"这句话简洁地概括了逆周期投资的精髓。然而，这种思想并不是近代才有的产物。实际上，早在 2000 多年前的《货殖列传》中，就已经出现了类似的智慧。比如，前文所讲述白圭的"人弃我取，人取我与"的策略，就是一种典型的逆周期操作。它告诉我们，当市场上的其他人因为恐慌而抛售某种商品时，正是我们购入这种商品的好时机；相反，当市场上的其他人因为贪婪而抢购某种商品时，我们应该考虑卖出这种商品。

这种策略的本质是利用商品的价格周期，即在价格低谷时买入，在价格高峰时卖出，从而获得最大的利润。这种方法不仅适用于古代的货物交易，也同样适用于现代的股票市场、债券市场以及其他各种金融资产的交易。通过这种方式，投资者可以在市场的波动中寻找到价值被低估的投资机会，实现长期的资本增值。

除此之外，《货殖列传》进一步揭示了这些商人不只满足于物质财富的积累，他们更有着超越纯粹商业利益的人生理想和社会责任感。这些商人的行为和思想，充分体现了中国传统商人的商业伦理观念，即在追求个人经济利益的同时，不忘承担社会责任，为社会的和谐与进步作出贡献。

这些成功的商人不仅是商业领域的佼佼者，也是中国传统文化的传承者。他们的故事和经验世代相传，对后世的商业活动和文化发展产生了深远的影响。在中国乃至世界的商业史上，他们的事迹被视为经典案例，被无数商人学习和效仿。

第六章
事随人成，用人识人不可少

▶ 用人，要不拘一格 ◀

成功绝非偶然，富贵亦非唾手可得。真正的成功者，从来不会单打独斗，而是善于借助他人之力，共同创造辉煌。而要想获得财富，更须摒弃有色眼镜，以公正之心看待每一个人。

用人的核心，不在于老板的个人喜好，也不在于对方的出身背景，而在于其实际能力。一个真正的智者，不会因为某个人外表光鲜、言辞华丽就轻易任用，也不会因为某个人出身低微、其貌不扬就轻易否定。要知道，人才往往隐藏在平凡的外表之下，只有深入观察、仔细甄别，才能发现那些真正有才能、有潜力的人。

在商业世界中，用人也是如此，用好了人，富甲一方；用错了人，等着遭殃。

在春秋战国时期，齐国一直商业繁荣，这里地理位置得天独厚，拥有丰富的渔业和盐业资源，因此涌现出了许多富甲一方的商人。

在西汉时期，山东东部出现了一位著名的大盐商，名叫刁间。他的成功不仅在于他掌握了丰富的盐业资源，更在于他独特的用人之道。刁间擅长发现和使用人才，但他所用的并不是那些出身于名门望族、受过良好教育的人，而是那些被别人轻视、鄙视的奴隶。

在当时的社会环境中，奴隶被视为贱民，被人瞧不起。许多人见到奴隶都会避之不及，但刁间不同。刁间认为，奴隶虽然身份卑微，但他们同样有着智慧和才能。他开始收留那些奴隶，让他们为自己工作。

刁间雇用这些奴隶帮他做生意，有的负责出海捕鱼，有的负责贩卖食盐，还有的经营其他生意。他不仅给予这些奴隶工作的机会，还对他们进行培训，传授他们经商的知识和技能。他相信每个人都有潜力，只要给予适当的机会和指导，都能够发光发热。

刁间的这种做法在当时的社会是非常罕见的。许多人对他的做法表示怀疑，认为使用奴隶做生意是不明智的做法。但事实上，刁间的生意却越做越大，他的财富也不断积累。

刁间不拘泥于当时社会对奴隶的偏见，敢于使用那些被轻视的人，并给予他们机会和尊重。这种开放和包容的心态，使得他能够吸引到更多的人才，为他的生意注入了源源不断的动力。

有人可能要说了，商人都是精明的，任用奴隶不代表刁间人品好，而是他会算计，因为奴隶便宜，甚至不用给工钱，对于刁间来讲，可以省下一大笔费用。

这么想，未免小看了刁间。因为这些奴隶在刁间手下，几乎都成长为了能够独当一面的人才。

这些奴隶四处做生意，权力自然很大，可以独立决策很多生意，但都对刁间忠心耿耿。据司马迁记载，这些人中流传着一个口号，叫"宁爵无刁"，意思是说，他们宁可拒绝爵位，也不会背叛刁间。

这些人，高薪挖不走，属于刁间最可靠的得力干将。靠着这些人，刁间很快就积累了数千万的家产，成为名副其实的富甲一方的大商贾。

刁间也成了《货殖列传》中耀眼的一位，可以说是中国古代商人群体中最会用人的那一个。

刁间不拘泥于世俗的眼光和偏见，对于在别人眼中或许卑微低贱、毫无可信度的奴隶，他展现出了超乎寻常的信任和尊重。他不仅信任这些奴隶，更授予他们充分的权力，让他们能够大胆地经营，发挥自己的才能。这种平等对待的态度，不仅体现在人格上的尊重上，更在生活的点滴中流露出对他们的爱护。

刁间深知，每个人都有其独特的价值和潜力，而这些奴隶身上同样蕴藏着无尽的智慧和创造力。因此，他放手让他们去尝试、去探索，给予他们足够的空间和机会去证明自己。这种信任和尊重，极大地激发了这些人的积极性和创造性，他们不再满足于被动地接受命令，而是主动地思考、积极地行动，为刁间的事业贡献出自己的力量。

更为重要的是，刁间的这种做法赢得了这些人的忠诚。他们原本是奴隶，生活在社会的最底层，被人轻视、忽视，但在刁间这里，他们得到了应有的尊重和关爱。这种尊重和关爱不仅是物质上的满足，更是精神上的慰藉和支持。他们感受到了前所未有的温暖和关怀，从而对刁间产生了深厚的感情，忠诚于他。

刁间懂得珍惜每一个人的价值，不论其身份地位如何，都能够给予其应有的重视和尊重。这种"爱贵之"的态度，不仅让刁间在用人方面取得了巨大的成功，更让他在人际关系中赢得了广泛的赞誉和尊重。

在当今社会，同样需要学习刁间的用人之道。我们应该摒弃世俗的偏见和眼光，平等地对待每一个人，尊重他们的价值和贡献。只有这样，才能真正发挥每个人的潜力和才智，推动社会的进步和发展。同时，也应该学会尊重和关爱他人，用真诚和善良去赢得他人的尊重和忠诚。这样，我们不仅能够在事业上取得更大的成功，更能够在人生的道路上走得更加坚定和自信。

▶▶ 对于人才，要舍得下血本 ◀◀

对于真正的人才，千万不要舍不得付出成本，因为手中的银子是小事，而失去人才却是大事。

很多人都不明白，为什么很多大公司里的高管都拿着很高的年薪。不可否认，其中有一小部分人有名不副实的情况，但大部分都是有真材实料的人才。老板之所以肯花那么大的价钱请他们，必然是因为他们为企业创造的价值远远高于他们的薪酬。

古往今来能够富甲一方的商人，大都是用人的高手。

在平遥毛记蔚长厚票号的福州分庄，有一位名叫阎维藩的经理，他与一位年轻的武官恩寿交情甚笃。当时，恩寿为了升迁，需要一笔银两，阎维藩便自作主张，为恩寿垫付了 10 万两银子。这一举动却让阎维藩招致了非议，他被告发到总号并受到斥责。

然而，命运似乎特别眷顾阎维藩。恩寿后来擢升为汉口将军，不仅归还了所借的银两，还为票号开拓了更多业务。但此时的阎维藩，因曾经受到的排挤和斥责，已经对蔚长厚失去了感情，决定离开返乡，寻找新的机会。

复盛公掌柜乔致庸深知阎维藩的才能。他明白，阎维藩是个难得的商界人才，必须尽全力争取。于是，他派出自己的儿子，带着八抬大轿和两班人马，在阎维藩返乡的必经路口等候。等了数日，他们终于等到了阎维藩。乔致庸的儿子向阎维藩表达了父亲的殷切之情，这让阎维藩大为感动。他心想，乔家富甲三晋，财势赫赫，对他如此礼遇，实在是他的荣幸。乔致庸的儿子还让阎维藩坐上八抬大轿，自己则骑马驱驰左右，这更让阎维藩感动不已。最后，他们决定让八抬大轿抬着阎维藩的衣帽，代替他坐轿，而两人则并马而行。

当阎维藩来到乔家时，乔致庸盛情款待了他。乔致庸观察到，阎维藩举止有度，精明稳健，精通业务。而且，阎维藩当时年仅36岁，更让乔致庸感叹其年轻有为，是难得之人才。于是，乔致庸当即聘请阎维藩出任乔家大德恒票号经理。

阎维藩在蔚长厚的尴尬境况与在乔家受到的器重形成了鲜明对比，他深感乔家的知遇之恩。在阎维藩主持大德恒票号的二十六年间，票号业务兴隆，逢账期按股分红均在八千到一万两之间。阎维藩为乔家的商业发展立下了很大的功劳。

在商业的世界里，人才是最重要的资源。一个成功的商人，不仅需要有敏锐的商业嗅觉，更需要有眼光去发现和重用人才。乔致庸就是这样的人，他看到了阎维藩的才华和潜力，并给予了他充分的信任和支持。这种信任和支持，不仅让阎维藩有了展现才华的舞台，也让他更加忠诚和努力地为乔家效力。

　　在乔家复盛西商号的众多下属企业中，有一个粮店格外引人注目。这家粮店的小掌柜马荀，虽然目不识丁，却以其独到的经营策略，使得粮店年年盈利，成为了商号中的一颗璀璨明珠。而与此形成鲜明对比的是，复盛西商号却因经营不善，时常需要粮店的补贴。

　　马荀虽然是粮店的小掌柜，但他的志向和胆识却远非一般。他深知自己的能力，也明白只有面见大财东，才能为自己的事业争取更多的机遇。于是，当马荀回到祁县时，他采取了一种前所未有的方式，自称大掌柜，要求面见大财东乔致庸。

　　乔致庸对马荀的毛遂自荐感到好奇，他接见了这个自称大掌柜的人。马荀抓住这次难得的机会，向乔致庸详细汇报了包头的商业情况。他讲得头头是道，条理清晰，让乔致庸对他刮目相看。乔致庸意识到，马荀虽然是个文盲，却是个不可多得的人才。

　　于是，乔致庸决定破格任用马荀，给他资本，让他的粮店独立经营。这一决定在商号内部引起了不小的轰动，毕竟在当时的社会环境中，一个文盲能够管理一个大商号是极为罕见的。然而，乔致庸却坚信自己的选择，他相信马荀的能力，更相信自己的眼光。

　　不久后，乔致庸又让马荀经管复盛西商号。马荀不负众望，凭借其出色的经营才能，为乔家赚取了巨额利润。他的成功不仅证明了他自己的价值，更验证了乔致庸的用人之道。

马荀由于没有文化，遇到需要签名的场合时，"荀"字经常写得缺胳膊少腿，以致成了"苟"字。人们戏称他为"马狗"掌柜，但这样的戏称并没有影响他在商界的威望。相反，他的故事成为一段佳话，激励着更多的商人去重视人才的实际能力而非表面标签。

乔致庸不拘一格用人才的故事，至今仍被商界传颂。他敢于打破常规，重用文盲马荀，并取得了巨大的成功。

真正的人才并不在于表面的学历和头衔，而在于内在的能力和潜力。在商海中，只有敢于突破传统束缚、善于发现并重用人才的商人，才能在激烈的商业竞争中脱颖而出，成为真正的赢家。

其实，会用人的人，都有着非比寻常的格局。实际上，起用马荀的时候，还有一段精彩的故事。

在复盛公的后院小饭堂，乔致庸设宴邀请了复字号的掌柜们，他首先感谢了大家在高粱买卖中的辛劳，并宣布有重要事项要商讨。众人窃窃私语，猜测是否要选出新的大掌柜。现任大掌柜顾天顺感到不安，乔致庸随后拿出一本密账，揭露了顾天顺违反店规的行为，包括任用亲信和私自借贷造成亏空。乔致庸当众烧毁了密账，表示旧事不提，但要求大家立即纠正错误。

第二天，乔致庸在大会上宣布解聘顾天顺，并聘任马荀为新的大掌柜。顾天顺感到羞愧，准备离开，但被二掌柜和三掌柜劝阻，提醒他一生的名声不应因一时的失误而毁。于是，顾天顺决定留下，面对乔致庸和马荀。

在上任的第一天，马荀表现出了对师父顾天顺的尊重，但也坚持为了复字号的未来，必须结束过去的错误。他提出在新店规中加入一条，为服务满三十年离号的掌柜保留半俸的身股用于养老。乔致庸赞同并提议，复字号应在每个账期从红利中留出一笔银子，用于照顾这些老掌柜。

顾天顺深受感动，想要向乔致庸磕头表示感谢，但乔致庸拦住了他，指出新店规是马荀提出的，应该感谢马荀。乔致庸强调，商人也是人，老了、病了、辞了，也应该过上好日子。他的发言赢得了热烈的掌声，大家纷纷表示愿意在复字号再工作三十年。

通过这次改革，复字号不仅解决了存在的问题，还提升了员工的积极性和归属感，为商号的长远发展奠定了坚实的基础。

对于人才，商人不能吝惜钱财，对于退休员工，也不应斩尽杀绝，而是要给他们留一份体面，这样，企业才能不断发展壮大，不断克服困难，员工才会一心一意为老板、为企业工作。

▶ 培养一支忠诚能干的团队 ◀

一个成功的商人背后，除了必须有坚实的资金和资源外，更重要的是拥有一支忠诚、能干的团队。资金和资源可以为企业提供必要的物质基础，但真正的驱动力则来自于人。

古人云："千里马常有，而伯乐不常有。"意思是说，这个天下的人才其实有很多，但缺乏的是发现人才的眼睛。

如果一个商人不懂得如何挖掘与发现人才，那么他的生意就不可能做大，也不可能做强。因为个人的力量毕竟是有限的，一个人就算再怎么能干，也有着能力的上限。即便再苦再累，可能也成果有限。

胡雪岩作为商人群体中的佼佼者，不仅会用人，还会识人、辨人。

严厚信少年时便在上海小东门的宝成银楼当学徒。他聪明好学，勤奋努力，很快就在银楼中展现出了自己的才华。然而，真正让他的人生轨迹发生改变的，是他与胡雪岩的结识。

一次，胡雪岩在宝成银楼订了一批首饰。严厚信亲自动手制作，每一个细节都力求完美，希望能够得到胡雪岩的认可。当首饰制作完成后，他又亲自送到胡府。胡雪岩看着他满头大汗的样子，心中暗自点头，但他并没有直接表达出来，而是给了他一包银子，要他自己点一下。

严厚信看着眼前的银子，心中对胡雪岩充满了信任，他说："我相信胡老爷，不用点。"然而，当他回到店里，仔细数了一下银子，却发现比应当付的少了二两。他心中一惊，但随即又平静下来。他没有选择去找胡雪岩理论，也没有选择隐瞒，而是默默地将自己辛苦做工的钱放在里面，交给了老板。

这一切，都被胡雪岩看在眼里。他看到了严厚信的诚实和正直，也看到了他的责任感和担当。他知道，这是一个值得信赖的人，也是一个能够承担重任的人。

过后，胡雪岩再次来到宝成银楼定做首饰。这一次，严厚信依然亲自动手，亲自送货。当他带着一包银子回来的时候，却发现里面多了十两银子。这十两银子对于一个普通的小伙计来说，无疑是一个巨大的诱惑，他辛苦工作几年的工钱也不过是十两银子。

然而，严厚信并没有被这个诱惑所打倒。第二天早上，他就带着银子来到了胡府，将银子如数归还给了胡雪岩。他告诉胡雪岩，他不能收昧良心的钱，这是他的原则，也是他的底线。

胡雪岩看着眼前这个年轻人，心中充满了赞赏。他知道，严厚信不仅有才华，更有品格。他是一个真正的君子，是一个可以信赖的伙伴。于是，他决定将严厚信推荐给李鸿章，让他有一个更大的舞台去展示自己的才华。

胡雪岩身边的人，或许在外界看来多有瑕疵，甚至是被视为"败家子"，但在胡雪岩的手下，他们却能发挥出不一般的能力，成为他商业领域中不可或缺的重要一员。这正体现了胡雪岩独到的用人哲学："用人之长，容人之短；不求完人，但求能人。"

陈世龙便是一个典型的例子。原本，陈世龙是一个沉溺于赌场的无赖，生活看似毫无目标和希望。然而，胡雪岩却从他身上看到了别样的潜力。首先，陈世龙具有难得的机智和灵活，社交场合中表现得游刃有余，这是经商时不可或缺的能力。其次，尽管他曾经混迹赌场，但他讲义气，不会出卖朋友，这种品质在商业活动中同样极为重要，因为它意味着可靠和信任。最后，陈世龙言出必行，有血性，这种性格特征使他在面对困难时勇往直前，不会轻易放弃。

胡雪岩不仅看到了这些优点，还知道如何将这些个性转化为商业上的优势。他通过指导和培养，将陈世龙从一个无所事事的赌徒转变为自己商业中的得力助手。这样的转变并非一蹴而就，它需要对人才的深入了解，以及针对性的培养和信任。

胡雪岩的用人之道，不仅在于发现他人的长处，更在于怎样将这些长处整合进自己的商业战略中。在胡雪岩的团队中，每个人都有自己的位置和作用。他们或许不是完美的，却是能够为商业的成功贡献自己特殊力量的人才。胡雪岩也不追求完美无缺的员工，而是重视员工的实际能力和潜力。这种注重实用、包容短处的独特用人理念，不仅为胡雪岩本人带来了巨大的成功，也使得他的手下都能够在适合自己的位置上尽情发挥，还为后来的商界提供了宝贵的启示：在商业世界里，没有无用之人，关键在于如何发掘他们的潜能，并将之转化为企业的财富。

在胡雪岩独特而有效的用人理念中，"放手使用、用而不疑"是一项重要原则。他深知，真正的领导并非事事亲力亲为，而是懂得放权，让合适的人去做他们最擅长的事。这样的策略不仅能够激发员工的积极性和创造力，还能有效提升整个团队的工作效率。正是这种原则，使得胡雪岩能在纷繁复杂的商业环境中稳操胜券，屡创佳绩。

有一次，胡庆余堂的进货助理，被大家亲切称为"阿二"的员工，被派遣到东北进行药材采购。归来时，由于所购人参质量参差不齐且价格偏高，药号经理"阿大"对其不满，认为"阿二"缺乏判断能力。这场争议最终升级到了胡雪岩面前。胡雪岩并未草率下结论，而是详细询问了整个采购过程，了解到边境地区的不稳定局势对采购造成了极大影响。

胡雪岩的处理方式体现了他深邃的商业智慧和人文关怀。他没有立即对"阿二"进行指责，而是请他们共同用餐，并借此机会向辛苦奔波的"阿二"表达敬意，感谢他在困难重重的环境下还能采购到大量紧缺的药品。餐后，胡雪岩深思熟虑地作出决定，他引用古语"将在外，君命有所不受"，比喻商事与战事的相似之处，强调了应当"用人不疑"的重要性。他宣布从今往后，"阿二"将全权负责采购的价格、数量和质量，实质上是将"阿二"提拔为进货"阿大"。

这一决策不仅解决了眼前的争端，更重要的是，它传递了一个明确的信号：胡雪岩愿意信任并支持他的员工，即便面临困难和挑战。这种信任和尊重极大地提升了员工的士气和忠诚度，也让每个岗位上的人都能发挥出最大的潜力。从此，两位"阿大"各司其职，携手合作，将生意做得更加繁荣。

商业的成功不仅建立在优秀的个人之上，更源于一个团结协作、相互信任的团队。通过这样的管理，胡雪岩成功地把胡庆余堂塑造成了一个充满活力、能应对各种挑战的商业实体。

在调动员工积极性方面，胡雪岩采取了两种主要方式：一是红利分成，二是鼓励入股合伙。对于那些没有足够资本的员工，实行年终分红制度；而对于那些有能力投资的员工，则为其提供成为合伙人的机会。

曾经有一个技艺精湛但脾气火暴的切药工，被称为"石板刨"，他的坏脾气让他在哪里都待不久。当"石板刨"来到胡庆余堂时，胡雪岩并没有因为他的脾气而看轻他，反而给予其高工资，并且提拔他为大料房的负责人。

对于那些为企业做出突出贡献的员工，胡雪岩更是设立了一种特别的"功劳股"，这种股份能从企业的利润中抽取一部分作为额外红利，专门奖励给那些对胡庆余堂有杰出贡献的员工。这种功劳股不仅具有经济价值，还代表了永久性的荣誉，一直到本人去世前都可以享有。

有一次，胡庆余堂对面的商铺区发生大火，火势几乎威胁到胡庆余堂。在这紧急关头，一个名叫孙永康的员工奋不顾身冲入火场，成功救出了悬挂在门前的金字招牌，但他的头发和眉毛都被火烧掉了。得知此事后，胡雪岩立刻在众人面前宣布授予孙永康一份"功劳股"，以表彰他的英勇行为和对企业的贡献。

胡雪岩的用人哲学还包括他拥有开阔宽广的胸襟以及高超的识人技巧。有一次，一个平日表现可靠的采购人员不慎将豹骨误认为是虎骨购入，而且数量庞大。而平日里一向严格检查的进货"阿大"，由于信任该采购人员，未对货物进行仔细核查便直接入库。

不料，这一失误被一位新提拔的副档手得知。视此为晋升契机的他，径自找到胡雪岩，希望能通过揭露此事来博得上司的赏识。胡雪岩亲自前往药库查验并确认了药材的错误后，立即下令将这批豹骨全部销毁。面对因自己的疏忽而造成的重大经济损失，进货"阿大"感到非常羞愧，主动提交了辞呈。

然而，胡雪岩的反应却出乎所有人的意料。胡雪岩并没有严厉斥责，而是温和地表示，人人都有可能在忙碌中犯错，今后多加小心即可。对于那位企图通过举报他人错误来谋取个人利益的副档手，胡雪岩的处理则显得果断而严厉——直接将其辞退。

在胡雪岩看来，身为副档手，发现药材问题应当立即向进货"阿大"汇报，以便及时更正，而不是越级上报。胡雪岩认为，这种行为不仅表现出其不负责任，还反映出其心术不正，若继续留用此类员工，只会破坏团队的和谐与信任。这一事件再次印证了胡雪岩"用人不疑，疑人不用"的原则，并展示了他在处理工作失误和人际关系问题上的智慧与坚定。

▶▶ 人才不必远方求 ◀◀

很多人会认为，人才只在天边，要找到一个或几个人才真的不容易。

实际上，这种想法大错特错，因为人才并不稀有，甚至可以说遍地都是。重要的不是没有人才，而是发现不了人才，提携不了人才。

要想有效发现人才，就不能太以自我为中心，也不能有嫉妒心，反而要有海纳百川的心胸，要有亲和力。

无论是古代还是现代，也无论是中国还是外国，很多富甲一方的商人，大都是平易近人的。这样的人，才是一个好老板，也才有更大概率赚到更多财富。

比如，近代大商人张謇，不仅是一名才子，更是一名出色的金融家。

张謇谦虚谨慎，平易近人，在他考中状元之后，衣锦还乡，乡亲们都夹道迎接他。张謇并没有表现出傲慢的样子，而是对乡亲们一再作揖道谢，说："我们都是一个镇上的人，不是亲戚就是朋友，何必如此排场呢？"

乡亲们仰慕他，尊重他，称呼他为"大人"或"老爷"。谁料，张謇非常不喜欢这样，说："你们原来是怎么叫我的，现在仍旧怎么称呼，叫我'老爷''大人'，反而见外了，生疏了。"

于是，乡亲们就称他为"张四先生"。

不得不说，正是张謇的这种亲和力与谦卑之心，造就了他日后的传奇。

在清末民初，位于常乐镇东头的匡河旁，有一位当地知名的农业专家——刘旦诞，他对耕种的独特理解和精湛技艺，为他赢得了广泛的赞誉。刘旦诞全心投入到农田的种植中，精心选择种子，勤奋耕作，始终保持着高产优质的纪录。

张謇对刘旦诞的成就十分看重，曾多次亲自上门请教。在一个秋天的日子里，张謇再次来到刘旦诞的田地，看到他正在菜地里忙碌，便向他咨询关于植物生长规律的问题。张謇问："香芋藤上棚是右转还是左转？"刘旦诞笑着回答："状元公这是在考我这个农夫呢！"接着，他便认真地解释了香芋藤和山药藤左转（反转）的科学道理。

听完刘旦诞的解释，张謇对他的专业知识表示了深深的敬佩，称赞他说："你也是状元嘛！是个'田状元'。"从此，"田状元"刘旦诞的名声，就在乡里传开了。他的专业技能和精神风貌，成为乡亲们学习的榜样。

每次回到家乡，张謇总是不忘去学校、社仓、酒厂等地看看情况。这一次，他来到了社仓，看到一个衣衫破旧的少年正在努力地清扫着麦子。这个场景引起了张謇的注意，他向曹善同询问了这位少年的来历。

得知少年名叫陆思成，是个孤儿，家境贫寒，从小就没有享受过家庭的温暖，也没有受过学校的教育，只能靠做帮工来维持生计。了解到这些后，张謇心生怜悯，决定伸出援手。

他先是安排陆思成进入学校接受教育，让他有机会学习知识，改变命运。陆思成长大成人后，张謇又为他安排了工作，让他在南通的一家工厂里做事，使他有了稳定的收入和生活来源。

在常乐镇西北的官公村，有一位名叫陆志涛的年轻人。他24岁那年，受到常乐镇初等小学的青睐，被聘为该校的教师。陆志涛深知教育的重要性，他备课认真，工作负责。为了给学生更好的教育，他时常工作到深夜。然而，长年累月的劳累，使他的身体逐渐虚弱。

一次偶然的机会，张謇回乡探亲，他在接见陆志涛时，发现了他脸色不佳的问题。张謇关心地问黄雨臣主任："这位年轻教师是否有嗜好（暗指吸鸦片）？"黄回答道："他不吸鸦片。脸色不好，可能是因为生病。"张謇听后，立刻决定带陆志涛去南通医院就诊。

在医院里，经过名医的诊断，陆志涛被确诊为肝炎。张謇得知结果后，马上叮嘱医生给予其精心治疗。在医生的精心治疗和张謇的关心下，陆志涛的身体逐渐康复。四个月之后，他完全恢复了健康。

康复后的陆志涛，对张謇的救命之恩感激不尽。他决定更加努力地工作，回报张謇的恩情。而张謇也看到了陆志涛的潜力和才华，决定给他更大的舞台。于是，他把陆志涛安排到了盲哑学校担任负责人。

后来，张謇以其高官显赫的身份和兴办的诸多事业，声名远扬。他不仅在官场上有着举足轻重的地位，更因其深厚的学识和卓越的治理能力，赢得了广大群众的深深赞扬。然而，张謇却始终保持着一颗谦逊的心，他从不以功臣自居，反而时时处处都虚心谨慎。

有一次，张謇外出归来，途中与车夫闲聊家常。他问车夫："你可认识张謇？人家对他有何反映？"车夫答道："我虽不认识此人，但他名气很大，大多数人说他是好的。但为了开河、修马路损坏了不少农田，议论较多，甚至还有人骂他。"张謇听了没有作声，只是默默地点了点头，暗暗反思自己的行为是否真正符合百姓的利益。

当马车驶入常乐镇，车夫眼看他走进状元府，才恍然大悟，原来眼前这位客人竟是大名鼎鼎的张謇。一时间，车夫心中惊恐不安，生怕自己刚才的言语冒犯了这位高官。他急忙推车欲逃，生怕因此招致祸端。

然而，张謇的家人却追了出来，他们拦住车夫，并付给他数倍的车钱。车夫望着手上的钱，心中惊疑不定。他自言自语地说："状元肚里好撑船啊！"这句话传神地描绘了张謇的宽大胸怀和谦逊品格。

正是因为这些点点滴滴的积累，让张謇后来成了南通的杰出人物，不仅在政治和教育领域有着卓越的成就，更以其深远的眼光和卓越的才能，在南通这片土地上创造了一个又一个奇迹。他的一生，可以说是南通乃至中国早期民族资本主义发展历程中的一个缩影，也是近代教育事业进步的一个标杆。

在南通，张謇兴办的实业涵盖了与民生紧密相关的各类工厂，这些工厂不仅为当地提供了大量的就业机会，也逐步形成了一个庞大的工业区。他还深知基础设施的重要性，建起了码头、发电厂、公路等设施，为南通的经济发展奠定了坚实的基础。这些举措，使得南通成为了中国早期民族资本主义发展的重要基地之一。

然而，张謇的贡献并不仅仅局限于经济领域。他深知人才是国家发展的根本，因此积极投身于教育事业。1905 年，他支持马相伯在吴淞创办了复旦公学，这便是今日著名学府——复旦大学的前身。此后，他又陆续创办了农业学校、女子师范学校、通海五属公立中学等，为南通乃至全国培养了大量人才。这些学校和机构的建立，在当时都是全国首创，展现了张謇前瞻性的眼光和坚定的决心。在医疗和科技领域，张謇也有着不可磨灭的贡献。1912 年，他创办了医学专门学校、纺织专门学校、河海工程专门学校等，为我国培养了一批批专业人才。他还创办了邮传部上海高等实业学堂船政科，为我国的航海事业注入了新的活力。

　　值得一提的是，张謇对于社会公益事业也极为热心。他建立了国内第一所博物馆——南通博物苑，以及军山气象台等，为南通的文化和科技发展提供了有力的支持。此外，他陆续创办了图书馆、盲哑学校等，为社会的弱势群体提供了关爱和支持。据统计，张謇一生创办了 20 多个企业、370 多所学校，这些数字的背后，是他对于国家和民族的深深热爱和无私奉献。

　　张謇的贡献得到了世人的广泛认可和赞誉。他被誉为"状元实业家"，这个称号不仅代表了他在实业领域的卓越成就，更体现了他在教育和社会公益事业上的杰出贡献。他的思想和理念，至今仍然对南通乃至全国的发展产生着深远的影响。南通被现代建筑学家、清华大学教授吴良镛誉为"中国近代第一城"，这不仅是对这座城市的肯定，更是张謇为南通所作出贡献的最好证明。

第七章
进退有度，坚持放弃都要有智慧

▶ 走出我们的通天大道 ◀

无论是做人还是做事，都不要做绝了，要留有一些余地。如果眼前的情况不利于自己前进，那么留有余地让可以我们在后退的时候也有些许空间，不至于退无可退。

俗话说"做人留一线，日后好相见"，如果我们斤斤计较，得理不饶人，那么就算是能够达到我们的目标，也会在未来给自己埋下隐患，尤其是在生意场上。

在现代信息论中，有一个词叫"冗余"，这可以说是科学版的"做人留一线，日后好相见"。因为冗余，信息在传递的过程中就有了一定的容错空间，表面上看是增加了信息的带宽，但实际上却让信息的传递变得更高效了。体现在做生意上，我们在对待别人的时候宽容一点儿，表面上看起来是吃了一点儿亏，但长久来看，我们未来的道路其实是变得更宽阔了。

通天大道宽又阔，并不是因为大道本来就是如此，而是因为我们将它走宽了。

在风云变幻的商场中，胡雪岩以其敏锐的眼光和坚定的决心，与当时的另一个商人庞二携手合作，共同应对洋人对生丝价格的操控。那时，中国的丝业市场被洋人牢牢掌控，中国人辛勤生产出来的丝绸，往往只能以低廉的价格出售，这让胡雪岩深感痛心。他深知，要想改变这一现状，必须团结一心，与洋人展开一场激烈的商业角逐。

胡雪岩与庞二的合作，可以说是珠联璧合。他们两人都是商场上的佼佼者，拥有丰富的经验和深广的人脉。在他们的共同努力下，丝价终于开始回升，这为中国的丝业带来了一线生机。然而，成功的道路从来都不是一帆风顺的。就在他们即将取得胜利的时候，一个意想不到的岔子打乱了他们的步伐。

这个乱子的根源，来自于庞二的"职业经理人"——朱福年。朱福年，外号"猪八戒"，是一个野心勃勃的人。他渴望借助庞二的实力，在上海丝场上崭露头角，成为江浙丝帮的首脑人物。为了实现这一目标，他不惜暗中捣鬼，破坏胡雪岩和庞二的合作。

毕竟胡雪岩是庞二的合作伙伴，朱福年对胡雪岩表面上尊重，不敢明目张胆地得罪胡雪岩。然而，暗地里他却处心积虑，想要扳倒胡雪岩，取代他在丝业市场上的地位。

朱福年利用自己的关系网和资源，暗中拉拢一些丝业同行，试图瓦解胡雪岩和庞二的联盟。在他的暗中操作下，胡雪岩和庞二的关系开始出现裂痕，合作也变得岌岌可危。

幸运的是，有人把朱福年的阴谋告诉了胡雪岩的好友古应春，古应春也将这件事转告给了胡雪岩。听了古应春的报告后，胡雪岩立即采取了防范措施，重新控制住了局面。

胡雪岩并没有当着庞二的面揭穿朱福年的把戏。因为若是那样，朱福年肯定没法再在庞二那里混下去。而且一旦胡雪岩将朱福年的事情曝光，那么别说在庞二那里，恐怕在整个上海滩朱福年都混不下去了。

因此，聪明睿智的胡雪岩就必须要想一个办法——既能把问题解决，又不至于把朱福年逼上绝路。

胡雪岩先是通过关系，查清了朱福年自开户头、将东家资金划拨给他自己"做小货"的底细。他耐心地搜集证据，了解了朱福年的所有不正当交易和贪污行为。然后，他再到丝行查账，查出了朱福年的漏洞。这一切都是在暗中进行的，没有惊动任何人，甚至连朱福年自己都没有察觉到胡雪岩的行动。

同时，胡雪岩又限定时间让朱福年自己检点账目，弥补过失。胡雪岩给了朱福年一个机会，让他自己改正错误，这也是胡雪岩对人性的一种尊重。然而，胡雪岩也清楚朱福年的性格和能力，他未必会珍惜这个机会。

胡雪岩的一番操作，让朱福年心惊肉跳，越想越害怕，仿佛自己的一举一动都被胡雪岩知晓了。因为他做了什么事，自己心里清楚，但他不明白为什么胡雪岩也会知道。

胡雪岩的心理战玩得非常高明，朱福年果然上钩了。他的恐惧几乎写在了脸上。胡雪岩见状，找到了朱福年。告诉他，其实自己知道他的行为，但胡雪岩希望大家都能够好好的，都有一口饭吃。而和胡雪岩做生意，不仅有饭吃，还有汤喝；不仅要吃饱，还要吃好。

这才是做大生意人的格局与胸怀，进退有度，不仅让朱福年有面子，给了他一线生机，更是盘活了自己，让自己今后的生意越做越大。

胡雪岩的话也并没有说绝，给了朱福年警告，也给了他期望和鼓励。胡雪岩希望朱福年能够回头是岸，不再沉沦于个人的私欲之中，而是能够为整个丝业的利益而努力。胡雪岩知道，朱福年虽然有野心，但也有能力和智慧，如果能将其引向正道，必将成为自己一大助力。

听了胡雪岩的话，朱福年悬着的心彻底放下了。他深知胡雪岩的为人和能力，也明白自己的处境和未来。从此，他对胡雪岩是彻底服帖了，他不再是那个暗中捣鬼、破坏合作的小人，而是成为了胡雪岩的得力助手和忠实伙伴。

此时的胡雪岩不仅减少了一个隐患，还增加了一员得力干将。是他的宽容和智慧，让朱福年重新找到了自己的价值和方向。他们共同面对着丝业市场的挑战和机遇，携手前进，为实现更高的目标而努力。

从这个例子中，我们可以看到，有的时候，想要生意越做越大，就不能什么事都斤斤计较。古人常说"水至清则无鱼，人至察则无徒"，一个人若总是眼里容不下沙子，那么他的格局与胸怀就会成为他前进之路上的绊脚石。

在一些原则问题上，我们要坚持正义，但很多时候，有些事情上升不到原则。我们的退让并不是一种害怕与恐惧，而是一种智慧。古今中外富甲一方的商人，都有这样的一种智慧，进也好，退也罢，都是为了我们的最终目标服务。

毕竟，化敌为友，也是一种智慧，不是吗？

▶ 坚持也要有原则 ◀

无论是经商还是在我们的日常生活中，我们总会遭遇闭门羹抑或其他麻烦。

比如，客户总是对我们闭门不见。打了很多次电话，不仅没能让客户认真听取我们的意见，反而让对方变得越来越不耐烦。甚至，在生意场上，我们对某人笑脸相迎，却换来了冷淡的回应或没有回应。

这些情况，都是我们经常会遇到的。一般人遇到这种情况，要么改弦更张，再也不搭理此人，转而寻找其他人；要么就是碰了一鼻子灰后，心中很是不爽；要么就是用一些大道理来安慰自己，然后灰头土脸地离开。

以上的几种选择，无非就是"对抗"或"放弃"，其实，在这两种选择之外，我们还有另一种选择——用智慧的手段，达成我们的目的。比如，客户对我们视而不见，我们可以用一种巧妙的方法，让客户自己主动对我们产生兴趣，从而化被动为主动。只有这样，我们接下来的商业合作才可能顺利进行。

▶ 以人为本，以和为贵 ◀

很多人都曾听说过儒商，但是究竟什么是儒商呢？儒商的特点又有哪些呢？

在儒商的经营理念中，儒家的道德观念被奉为商业经营和个人修养的重要准则。他们认为，商业不仅是追求利润的过程，更是实现个人价值、贡献社会的途径。因此，在经营活动中，儒商总是力求在实现企业利益的同时，也能兼顾社会责任和道德规范，体现了一种兼济天下的广阔胸怀。

在推动企业发展的过程中，儒商不仅注重物质文明的建设，如提高产品质量、扩大市场份额等，同时也非常重视企业文化的建设。他们努力在企业内部营造一种和谐、尊重、诚信的文化氛围，强调员工的道德修养和人格提升，从而在企业的物质成就和精神文化建设两方面都取得了显著的成绩。

儒商文化的内涵，是对儒家思想的现代诠释和应用。它强调以人为本，关注人的全面发展，不仅是职业技能的提升，更包括道德品质和人文素养的培育。儒商通过自身的实践，展现了一种独特的商业哲学，即在追求经济效益的同时，也能够坚守道德原则，实现个人、企业与社会的和谐共生。这种商业文化，不仅对企业家个人的成长有着深远的影响，也对社会的和谐发展作出了积极的贡献。

儒商的出现不仅是商业领域的一个现象，更是一种文化与商业的深刻融合。这种独特的群体的出现和发展，反映了一种深层次的文化认同和商业实践的结合。他们所追求的，并不仅局限于短期的经济收益或物质利益，而是更加注重长远的社会责任和道德规范的坚守。

儒商始终坚持儒家的核心思想——重义轻利。他们认为，商业活动不仅是为了追求利润，更重要的是要遵循道义，坚持先有义、后有利的原则。在面对利益的诱惑时，他们会首先考虑是否符合道义，是否对社会有益。这种"见利思义"和"以义求利"的商业哲学，使他们在商业活动中能够始终坚守道德底线，不为短期的利益而牺牲长远的道德价值。

儒商精神是他们对传统文化的继承和发扬。他们具有勤劳节俭的品质，不怕吃苦，不畏艰难，勇于开拓创新。这种精神不仅体现在他们的个人品质上，更是他们在商业实践中的行为准则。他们将传统的儒家文化与现代的商业实践相结合，形成了一种独特的商业哲学和经营方式。

在中国历史上，最早出现的儒商是孔子的弟子子贡。子贡作为儒家学派中的杰出代表之一，不仅在哲学和伦理学上有着高深的造诣，而且在经商领域也展现出了非凡的才华。他的商业理念和实践对当时乃至后世都产生了重要的影响，被尊称为"端木遗风"（子贡名端木赐，字子贡），他是中华儒商文化的奠基人。

在子贡的商业实践中，诚信是他的核心原则。他坚信，商业交易不仅是财富的转移，更是信誉和道德的体现。因此，他在经商时始终坚持诚信为本，被视为儒商的楷模。子贡的这一理念，不仅在当时的商业环境中树立了标杆，也为后世的商人提供了宝贵的道德指引。

在经商的过程中，子贡不仅展现了非凡的口才和卓越的办事能力，更是通过周游列国，积累了丰富的知识和经验，这些都为他日后成为一位杰出的外交家和富有的儒家富商打下了坚实的基础。

子贡的商业才能不仅让他在经济领域取得了巨大的成功，他在外交和政治上也有着不可忽视的成就。他的足迹遍布曹国、鲁国等地，通过精明的商业运作，他积累了巨额财富，成为当时孔子弟子中最为富有的人，被后世尊称为"儒商鼻祖"。这一称号不仅是对他商业成就的认可，也是对他将儒家思想融入商业实践的做法的一种肯定。

尽管子贡的财富堪称千金，但他并没有因此而骄傲自满。相反，他始终坚守着以人为本、以和为贵的原则，这些原则在他的商业活动、外交乃至日常行为中都有所体现。子贡非常注重礼仪和道德修养，他认为这些都是一个人品德的重要体现，也是儒家思想中不可或缺的一部分。

子贡并没有因为自己的家庭背景而沉溺于奢侈和炫耀之中。相反，他选择了一条更为内敛和学术化的道路，全心全意地投入到了对《诗经》《尚书》《礼记》以及《易经》等儒家经典的深入研究中。他对文学和诗歌的热爱，使他在文情诗艺的海洋中遨游，成为一位儒学的权威，他的言辞犀利、表达流畅，这些非凡的沟通技巧，除了归功于他与生俱来的才华，更是与他刻苦钻研的专业领域息息相关。倘若没有深厚的语言学知识，恐怕他也难以将语言运用得如此娴熟。

正是这样的学术底蕴，使得子贡能够超越狭隘的商业观念，以一种深邃的文化视角来重新审视商业活动。他没有将商业视为一种简单的交易行为，而是将其提升到了文化的层面，用一种超然的态度将商业活动作为其实现人生价值的重要途径。在儒家文化的引领下，往往在不经意之间，他就能够创造出令人瞩目的商业奇迹。

子贡的这种将商业与文化、政治活动完美结合的理念和实践，是一种独特的亦文亦商的经商哲学。这种哲学不是一般的商人所能够企及的，它要求具备深厚的文化底蕴和商业智慧。子贡恰好具备了这样的素质，他的行为和成就，为后来的儒商们树立了一个光辉的榜样，他将儒家思想与商业实践相结合，创造出独特的商业文化，影响和启发了无数后辈。

孔子评价他说："赐不受命，而货殖焉，亿则屡中。"这意思是说，端木赐（子贡）的学问境界已经可以摆脱命运的束缚，常常系心于货殖上，推断行情，每每准确不爽。

子贡拥有一双非常锐利的眼睛，这双眼睛仿佛能够洞察市场的每一个微妙变化。他对市场规律有着深入的了解，总能够在正确的时间做出正确的决策。他知道如何在竞争激烈的商场中保持敏锐的洞察力，这使得他在商界如鱼得水，总是能够在关键时刻抓住机遇，从而取得了一次又一次的成功。

子贡的商业才能不仅体现在他对市场的敏锐把握上，还体现在他的实际行动中。有一次，为了保护鲁国的利益，子贡踏上了游说之路。他先后访问了齐、越、晋等国家。在这个过程中，他不仅成功地说服了这些国家的君主，使他们采取了有利于鲁国的政策，而且还利用自己的商业头脑，在旅途中发现并抓住了商机，最终发了一笔丝绵财。这一经历充分展示了子贡在商业领域的非凡才能和智慧，他不仅有着超凡的市场洞察力，还有着将理论转化为实践的能力，这使得他在商界取得了辉煌的成就。

自中华人民共和国成立之初，中国传统文化经历了一段漫长而复杂的历史时期。在这个时期内，由于种种因素，传统文化的发展遭遇了重重困难，甚至在某些时期出现了停滞和衰退的现象。特别是儒商文化，这一融合儒家思想与商业实践的文化形态，也曾面临着严重的挑战和破坏。

20 世纪 70 年代末至 80 年代初，随着中国改革开放的大幕徐徐拉开，一系列深刻的社会经济变革开始出现。在这一背景下，涌现出了一批具有远大志向和卓越商业才能的新商人，他们不仅怀揣着救国济世的崇高理想，而且具备在市场经济中驾驭风云的商业智慧。这些新商人的出现，使得儒商精神在现代社会得到了新的诠释并发扬光大，成为现代企业家精神的重要组成部分。

当代儒商在职业实践中秉承着"贾服儒行"的原则，即在商业活动中融入儒家的道德规范和行为准则。他们坚持以人为本的管理理念，强调人才的重要性，注重员工的成长和发展，同时也致力于弘扬和传承优秀的传统企业文化。

黎红雷等学者对当代儒商精神的内涵进行了深入的归纳和总结，将其精髓概括为以下几个方面：

"德以治企"——当代儒商秉持儒学中"道之以德，齐之以礼"的理念，通过培养德行来提升企业的整体素质，确保企业的健康发展。

"义以生利"——他们在经营活动中坚持以儒家的义利观为指导，追求利他主义，形成了独特的经营哲学。

"信以立世"——儒商坚守"内诚于心，外信于人"的原则，通过诚信经营来塑造良好的品牌形象。

"智以创业"——他们践行儒学中"智者不惑"的理念，善于捕捉商机，力求使企业成为与时俱进的"时代的企业"。

"仁以爱人"——继承儒学"仁者不忧"的精神，关爱员工，服务社会大众，致力于提升员工的幸福感和归属感。

"勇以担当"——他们勇于承担社会责任，严格自我管理，形成强大的组织凝聚力和感召力，不断提升企业的竞争能力和进取精神。

▶ 危难关头，挺身向前，承担责任 ◀

中国自古有很多商人，在民族危难关头挺身而出，用自己的智慧和努力换来一丝生机。尤其是在清末民初时期，一大批商人用他们的爱国情怀铸造了一段又一段商业传奇。

进退有度，在该退的时候要选择后退。但有些时候，他们退无可退，只有前进。

范旭东的童年并不平凡，他幼年丧父后随母亲和兄长迁往长沙，生活条件十分艰苦。在这段艰难的岁月里，他曾一度依靠保节堂这个慈善机构的供养来维持生计。然而，正是这段经历在他心中种下了发愤图强、艰苦奋斗的种子，成为他日后不断努力的动力源泉。

范旭东的兄长范源濂同样是一个勤奋好学的人。他曾与蔡锷一同在梁启超主讲的时务学堂求学，因学习勤奋而深受梁启超的喜爱，并得以兼理学堂事务。通过半工半读的方式，范源濂不仅赡养着年迈的母亲，还为弟弟范旭东提供了读书的机会。这种家庭背景加上兄长的影响，无疑对范旭东的成长起到了积极的促进作用。

在兄长的帮助下，范旭东得以东渡日本留学，这是他人生的一个重要转折点。他在日本的学习生活充满了挑战与机遇。1910年，他以优异的成绩从京都帝国大学理科化学系毕业。

范旭东看到日本的快速发展和强大实力，深感清政府的腐朽无能。这坚定了他向往祖国富强的信念。他常以艰苦卓绝、勤劳勇敢的作风要求自己，身体力行地践行着自己的信念。这种精神不仅体现在他的学业上，更贯穿于他日后的生活和工作中。

在京都帝国大学完成学业后，范旭东留校担任专科助教。1911年，他回到祖国，在北京的北洋政府铸币厂负责化验分析工作。然而，由于对当时官场腐败的不满，他辞去了这份工作。

不久之后，范旭东被派往西欧考察英、法、德、比等国的制盐及制碱工业，这次考察让他收获颇丰。回国后，他历尽艰辛，于1914年在天津塘沽创办了久大精盐公司。这是他实业救国和发展化学工业愿望的起点。

为了进一步实现这一愿望，范旭东又着手制碱工业，于1917年开始创建永利碱厂。碱厂开工之初，生产并不顺利，但在侯德榜等一批技术骨干的努力下，解决了一系列技术难题，终于在1926 年实现了正常运转，生产出了优质纯碱。

为了进一步发展盐业，范旭东在 1926 年至 1927 年间，先后在青岛开办了永裕盐业公司，在汉口开办了信孚盐业运销公司。在永利碱厂略有盈余后，他又于 1933 年 12 月着手创办了永利南京硫酸厂。该厂于 1934 年 7 月在南京长江北岸的六合县境内动工，经过短短几年的努力，于 1937 年 2 月 5 日生产出了我国第一批硫酸铵产品。

抗日战争期间，范旭东并没有停下脚步，他继续在大后方创办实业。1938 年 7 月，他在四川自流井开办了久大自流井盐厂。同时，又在四川犍为县五通桥开办了永利川厂。在办厂过程中，他积极支持侯德榜等人革新苏尔维制碱工艺，终于在 1943 年成功研究开发了联合制碱新工艺。

早在 1922 年，范旭东就展现出了他对科学研究的远见和决心。他毅然决定创办黄海化学工业研究社，这是我国第一家专门的化工科研机构，他说这是他毕生创办的第三件大事业。为了支持这个研究社的发展，范旭东慷慨地将久大、永利两公司给他的酬金用作该社的科研经费。这种无私奉献的精神，无疑为我国的科学研究事业注入了强大的动力。

黄海化学工业研究社的前身是久大塘沽盐厂的化验室，起初主要利用精制食盐余下的卤水制取硫代硫酸钠，以及生产咸味刷牙水和漱口水等。这些产品在当时市场上备受欢迎，为人们的生活带来了极大的便利。然而，范旭东并没有满足于此，他不断探索新的研究领域，寻求更大的突破。

后来，黄海化学工业研究社开始利用永利碱厂的副产品生产碳酸钙、碳酸镁等化工产品。这些产品的问世，不仅丰富了市场，也为我国的化工产业注入了新的活力。其中，明星牌牙膏更是备受瞩目。这款牙膏含有盐分，具有独特的口感和清洁效果，在抗战前后一个时期内独步市场，风行一时。

在范旭东看来，黄海化学工业研究社不仅是一个为企业提供技术支持的机构，更是一个重要的人才培养基地。他曾明确指出："黄海应该是我们的神经中枢。它不属于永、久两公司，而是与永、久两公司平行独立的化工研究机构。"这一理念充分体现了他对科研工作的高度重视和对人才培养的深刻理解。

为了确保黄海化学工业研究社能够发挥出最大的效能，范旭东聘请了孙学悟博士担任社务主持。孙学悟博士毕业于美国哈佛大学，拥有深厚的学术背景和丰富的实践经验。在范旭东的大力支持下，孙学悟带领全社员工，坚持理论联系实际的科学研究方法，不断探索和创新。

经过不懈的努力，黄海化学工业研究社在无机应用化学、有机应用化学及细菌化学等领域取得了一系列科技成果。这些成果不仅解决了企业在生产过程中遇到的技术难题，还为我国的化学工业发展注入了新的活力。黄海化学工业研究社的成功，不仅证明了范旭东的远见卓识和正确决策，也展示了我国化工科技人才的实力和潜力。

在抗日战争胜利后，范旭东作为一位杰出的企业家和民族工业的先驱，准备派员前往久大、永利、永裕等厂接收原有财产，以进一步推动中国的民族工业发展。然而，就在此时，他突然身患急性肝炎，尽管医生全力救治，但最终还是未能挽回他的生命，范旭东于 1945 年 10 月 4 日与世长辞。

范旭东的一生充满了传奇色彩。他始终本着"以能为社会服务为最大光荣"的信条，致力于开办实业，填补中国民族产业的空白。在他看来，实业不仅是国家的根基，更是民族复兴的关键所在。因此，他毫不犹豫地投身于这个充满挑战和机遇的领域，用自己的智慧和勇气为中国的民族工业发展贡献着自己的力量。

在制碱工业方面，范旭东更是取得了举世瞩目的成就。他深知，要想在国际市场上立足，就必须拥有自主知识产权和核心技术。因此，他带领团队不断努力研发，攻克了一个又一个技术难关，最终掌握了制碱工业的核心技术。他的这一成就不仅填补了中国制碱工业的空白，更使中国成为当时世界上少数几个掌握制

碱技术的国家之一。范旭东也因此被誉为近代中国制碱工业的第
一人。

　　就在他准备进一步推动中国民族工业发展的时候，命运却对
他开了一个残酷的玩笑，急性肝炎无情地夺走了他的生命。然而，
范旭东的精神和成就却永远留在了人们的心中。他那为国家、为
民族、为社会挺身而出，勇往直前的崇高精神，将永远激励着后
人不断前行。

第八章
事业有成，反哺社会更有益

▶ 赚钱的同时别忘了关注社会 ◀

在追求财富的过程中，我们不应忽视对社会的关注和贡献。赚钱是生活的一部分，但关注社会问题、参与公益活动同样重要。这不仅是道德责任，也有助于个人成长和社会进步。

民众富裕，消费才能旺盛。一个聪明的商人，应当知道回馈社会，让社会更加和谐稳定，这样，自己的企业才能在一个良好的环境中继续成长。反之，如果忽视社会的发展和民众的福祉，最终企业也难以独善其身。

经元善是一名成功的洋务企业家，原籍浙江上虞。他的家族世代耕读，潜德不耀。经元善的父亲于 1818 年前往上海学习商业知识。经过多年的努力，凭借自己的聪明才智和勤奋努力，白手起家，最终积累了数十万金的财富。

经元善的父亲不仅在商业上取得了巨大的成功，他长于社交，好行善举，因此在沪上享有盛名。受到父亲的影响，经元善自幼迁居上海，并在十七岁时开始学习经商之道，追随父亲的足迹。

1865 年父亲去世后，经元善于次年接任上海同仁辅元堂董事一职。在这个职位上，他展现出了卓越的领导才能和商业头脑。1871 年，他继承了仁元钱庄，进一步扩大了自己的商业版图。

1880 年，经元善因其在义赈慈善活动中所表现出来的才能和经验，被李鸿章委任为上海机器织布局会办。这一任命开启了他洋务企业家的生涯。在此后的职业生涯中，他先后出任了上海电报局会办、官督商办电报局沪局总办等职务。在这些职位上，他展现出了卓越的经营管理才能，他所负责的企业都取得了良好的业绩。

值得一提的是，尽管经元善年少时就开始经商，并未涉足科场考试，但他在经办电报局的过程中，因业绩突出，受到了盛宣怀的赏识和保荐。最终，他被提拔为三品衔候选知府，补缺后以道员用。这使得他成为了一名颇有作为的绅商，为当时的社会作出了积极的贡献。

尽管他并未投身科举，追求功名利禄，但他的思想和行为却透露出浓厚的士人气息，使他自然而然地被归入了士绅型商人的行列。

与张謇一样，经元善也是"言商而向儒"，他并不将利润的追求视为人生唯一目标。相反，他沉浸在儒家典籍之中，寻找着人生的真谛。他的心境淡泊宁静，性格豁达大度，疏财仗义，广有善行。

1878年，经元善的两个弟弟赴豫、秦地区赈灾时，他赠送给弟弟们的书籍包括《格言联璧》十册、《老学究语》二十册、《聪训斋语》十册，还有四书一部，以及余莲村先生的《得一录》一部，这些都是儒学的经典之作。经元善特别嘱咐他们："这些书籍不仅能修养身心，还是赈灾的关键秘诀。在遇到困难的时候，只需仔细阅读这些书籍，就能找到解决问题的方法。"

除了赠书之外，经元善还赠予其几条箴言，都是士人在"持身涉世"中应遵循的道德准则。例如："总之'心平气和'四字，固无往而不自得也。"这句话告诉我们要保持心态平和、情绪稳定，这样才能在任何情况下都保持自我。再如："试问君子与小人，其大关键在何处？曰'但看事事肯吃亏而局量宽宏者，必是君子；事事要占便宜而胸襟狭隘者，必是小人'。"

经元善的这些言行都体现了他作为一名士绅型商人的独特魅力和高尚品质。他不仅在商业领域取得了成功，更在精神层面达到了一种超脱和升华。他的人生经历告诉我们，真正的成功不仅是物质上的富足，更是精神上的充实和满足。

1877年冬，经元善从报纸上得知河南等地发生了严重的旱灾，决定联合上海的绅商开展义赈活动。他毅然将家中企业仁元钱庄停业，并创建了协赈公所，作为组织上海绅商进行义赈慈善活动的常设机构。从 1878 年到 1893 年，经元善参与组织和办理过多次重大的义赈活动，募集了大量款项，得到了朝廷的多次嘉奖。

除了举办义赈外，经元善还关注救济孤寡病老者等问题。他设立了公济堂、放生局、善堂等机构，为弱势群体提供帮助。

在兴学育才方面，经元善也有巨大成就。他创办的第一所学堂是位于上海城南高昌庙附近的经正书院。这所学校邀请了梁启超、王敬安等知名人士任教，采用中西结合的课程设置，招收世家子弟进行教育。1897 年下半年，经元善又发起创办了第一家中国女学堂，这在当时是开风气之举。他主张女子教育与男子并重，并提倡放脚，这一举动引起了士大夫的普遍不满。然而，面对压力和困难，经元善坚定地支持女子教育的发展，并最终成功地创办了这所女校。

1898 年夏，在中国女学堂正式开办后，经元善又计划在他的家乡余姚和上虞两县创办农工学堂，以改良农事和振兴工艺。然而，由于浙江巡抚迟迟不予批准以及戊戌变法失败后经元善患病等原因，这个计划最终未能实现。

经元善的一生充满了对慈善事业和教育事业的热情与执着。

他的行动和思想不仅在当时产生了深远的影响，也为后来的社会变革和发展奠定了重要的基础。

只顾着自己赚钱的商人，他的财富必然只是昙花一现，无法持久。商人只有学会如何在赚钱的同时反哺社会，他的财富才能持久。毕竟，商人也是社会的一分子，只有社会的整体福祉提高了，商人才能更好地在其中发挥自己的能力。

一个健康且有序的社会，才是一个人人都可以赚钱的社会。

▶ 热心公益、乐于助人 ◀

在商业的世界里，成功往往以盈利和增长来衡量。然而，当商人通过不懈的努力积累了财富后，他们承担的社会责任也会随之增加。赚了钱的大商人热心公益、乐于助人，不仅是美德，更是社会平衡和持续发展的必要条件。

首先，我们必须认识到，商人或企业的成功并非孤立的事件。它依赖于稳定而繁荣的社会环境，包括良好的教育系统、健全的基础设施以及消费能力较强的中产阶级。商人将部分利润投资于公益项目，有助于强化这些社会支柱，进而为企业创造更广阔的市场和更多的机遇。

其次，作为社会的精英分子，大商人有责任展示道德领导力。他们的行为会被媒体放大，他们也易于成为公众的榜样。当他们慷慨解囊，捐资助学、支持环保或参与灾害救援时，这种行为能够启发和鼓励更多的人参与到公益事业中来，形成良性循环的慈善文化。

最后，从长期的角度来看，企业的持续成长需要稳固的社会资本。那些关注公益、愿意帮助他人的商人，能够为企业赢得良好的声誉，建立可靠的品牌形象。这种无形资产在激烈的市场竞争中极为宝贵，有助于企业在消费者和潜在合作伙伴心目中脱颖而出。

孟洛川是清末民初的商人，是"亚圣"孟子的第69代孙。他的一生，除了赚钱做生意之外，还始终秉持着儒家对于一个君子的要求，贯穿其一生的善举使他被誉为"一孟皆善"。

在经商的历程中，孟洛川遵循"君子爱财，取之有道"的原则，奉行"见利思义，为富重仁"的信条。他的儒商风范和经世济民的精神，深受百姓的赞誉和尊敬。

孟洛川不仅在商业上取得了巨大的成功，更是一位热心公益、乐于助人的人。他一生热心于慈善和公益事业，为社会作出了积极的贡献。

清朝光绪年间，黄河章丘段频繁决口，给当地居民带来了无尽的苦难。每当洪水肆虐，家园被毁，当地居民的生活就会苦不堪言，流离失所，生活陷入困境。

孟洛川是个有远见的人，他深知灾难随时可能降临，于是在章丘城里建立了社仓，囤积了大量的谷物，以备不时之需。这个社仓就像一座坚固的堡垒，守护着人们的希望和生命安全。

当灾情发生时，孟洛川迅速行动起来。他组织了一支强大的队伍，对灾民进行救济。他亲自监督救济工作的进行，确保每一粒粮食都能准确无误地送到灾民手中。他的身影在灾区穿梭，就像一道明亮的光，照亮了人们心中的黑暗。

孟洛川的善举不仅解决了灾民的温饱问题，更给了他们重建家园的勇气和希望。他的行动激励着每一个人，让灾民们相信，无论遇到多大的困难，只要团结一心，就没有克服不了的难关。

在孟洛川的带领下，章丘城的居民齐心协力，共同抵御洪水的侵袭。他们筑起了坚固的堤坝，保护了家园。

除了对灾民的救助，孟洛川还关心着家乡的发展。他的故乡旧军镇西临绣江河，绣江河水涨决口，给当地居民带来了巨大的灾难。为了解决这个问题，孟洛川慷慨解囊，出资治理河道。他亲自参与规划和施工，确保治理工作的顺利进行。经过一段时间的努力，绣江河的河水终于得到了有效的控制，不再泛滥成灾。乡人们对孟洛川的感激之情溢于言表，他们纷纷表示，是孟洛川让他们重新拥有了安宁的生活。

孟洛川始终关心着社会的弱势群体。每年腊月，他都会让人制作 200 套棉衣，并用大锅煮粥进行冬赈。在寒冷的冬天，这些棉衣和热粥给了那些无家可归的人温暖和希望。而在夏季，他还会制作 200 套单衣，并备好茶汤进行夏赈。这些善举让那些贫困的人们感受到了社会的关爱和温暖。

此外，孟洛川还是一位热心的慈善家。他经常施舍医药，帮助那些无法承担医疗费用的穷人治病。

孟洛川的一生告诉我们，真正的成功不仅是财富的积累，更在于如何运用这些财富去帮助他人，改善民生，实现自我价值与社会价值的和谐统一。真正的富甲一方，也不仅仅是财富上的充盈，更是精神上的富裕。

▶▶ 关注同胞的福祉 ◀◀

每个人都有自己的圈子，商人也有商人的圈子。

一个商人，不仅要关注自己、社会环境和百姓疾苦，还要关注自己的同胞。因为民族与国家是一个共同体，只有在这个共同体健康发展的前提下，大家才能安心赚钱。

在 19 世纪末的一天，印尼首都巴城繁忙的码头上，德国班轮静静地停泊着，准备起航前往新加坡。在这艘船上，张振勋和他的同伴们正准备登船。他们原本购买了四张头等官舱的票，但当他们取票时，却只有一张官舱票，其余三张都是统舱票。原来，德国轮船公司有一项规定：华人不准购买官舱票。这一消息让张振勋愤怒不已，他将四张船票撕毁并扔进大海，表达了对这种歧视的强烈不满。

不久后，张振勋与几位志同道合的朋友共同创立了裕昌远洋航运公司和广福远洋轮船公司。这些公司不仅为华人提供了优质的航运服务，还专门与德国轮船竞争，迫使其取消了对华人的歧视政策。这一举动大大提升了华人在国际舞台上的地位，也让张振勋赢得了广泛的赞誉。

除了在商业领域取得成功外，张振勋还非常关注教育和救灾事业。他深知教育对于国家和民族的重要性，因此，他在海外大力倡导教育事业。他在新加坡等地创办了多所华文学校，为当地华人子弟提供了良好的教育环境。同时，他还设立了福利基金，为贫困学子提供学费补助。在他的带动下，新加坡、马来西亚等地相继兴办了多所华文学校，为华人教育事业作出了巨大贡献。

此外，张振勋还积极参与救灾工作。1900 年，一场灾难性的黄河决口事件给当地人民带来了深重的灾难。张振勋目睹了灾区的惨状，心中充满了对同胞的同情和忧虑。他没有犹豫，迅速回到南洋，积极募捐，最终筹集了上百万两银款用于赈灾。这一举动不仅体现了他的慈善精神，也显示了他对社会责任的重视。清政府对他的善举表示赞赏，赐予他"急公好义"牌匾，并将其竖立在他的故乡大埔，以示表彰。

除了在灾难面前伸出援手，张振勋还致力于教育事业，弘扬中华文明。他在新加坡等地创办了中华学校和应新华文学校，为海外学子提供了学习中华文化的平台。他还专门设立了福利基金，帮助出国留学学子解决学费问题。在张振勋的带动下，新加坡、马来西亚两地相继兴办了八所华文学校，进一步推动了中华文化的传播。

张振勋的贡献不仅限于教育事业，他还在汕头设置了育善堂，购置数十间楼房堂产作为嘉应学院的五属福利基金，为出国学子提供补助学费等支持。这些举措充分展现了他对社会福祉的关注和对后代教育的重视。

1905年，张振勋因其杰出贡献，获得了光绪皇帝的恩赐御书"声教南暨"匾额一方。在受匾典礼上，张振勋慷慨陈词，他指出，国家的贫弱与人才缺乏有关，而人才的缺乏又与学校不兴有关。他强调，作为旅居外埠的商人，他们积累了财富，眼见西方国家在外埠设立西文学堂，教授华商子弟，华商们同样有能力设立中文学校，以资教其子弟。

张振勋的一生都在践行着"实业救国"的理念。他用自己的财富和智慧为国家和民族作出了巨大的贡献。

张振勋的故事提醒我们，商人赚了钱之后，应该回馈社会，通过创办慈善机构、教育机构等方式，为社会作出贡献。在当今社会，商人的角色不应该仅是追求经济利益，更应该关注社会的发展和进步。只有这样，商人才能真正实现自己的价值，为社会的繁荣和进步作出更大的贡献。

▶ 大商人后来都做了慈善 ◀

历史上，企业的主要责任被定义为"为股东创造价值"，商人的主要责任也是赚钱。然而，随着社会对企业和商人道德与责任的期望日益增长，这一定义正在发生变化。现代企业和商人开始认识到，他们的成功与社会的健康、繁荣紧密相连。因此，越来越多的公司与商人不仅在追求经济利益，还在积极参与慈善活动，以此来体现他们的价值。

商业和慈善之间存在着天然的互补关系。一方面，企业的资源、效率和创新能力可以为解决社会问题提供独特的途径；另一方面，从事慈善活动也可以提升企业的品牌形象和市场竞争力。

陈嘉庚是华侨领袖、实业家、教育家和社会活动家，他用一生诠释了爱国情怀与社会责任感。他曾深情地说："兴实业，办教育，旨在救国。"陈嘉庚不仅将商业上的成功转化为对教育的投资，更是将个人的命运与国家的未来紧密相连。

1874 年出生于福建厦门的陈嘉庚，在少年时期就远赴新加坡随父经商，并在那里取得了成功。然而，他始终心系祖国，积极支持中国国内的革命活动，如加入同盟会并支持孙中山的革命活动。抗日战争爆发后，陈嘉庚更是四处奔走，团结南洋华侨筹赈救亡，他的爱国热情和民族气节，成为世人学习和敬仰的典范。

陈嘉庚对教育的重视和投入更是令人敬佩。他在家乡创办了厦门大学、集美学校等一系列教育机构，为中华民族的振兴作出了卓越贡献。他的教育理念和实践，不仅提升了当地的教育水平，更为国家的长远发展培养了大批人才。

然而，陈嘉庚的生活却十分简朴。他的座右铭是："应该用的钱，千万百万也不要吝惜；不应该用的钱，一分也不要浪费。"

许荣茂是中国著名企业家，世茂集团的掌舵人，不仅以其商业智慧引领企业成长，更以慈善之心温暖社会。他的人生格言"兴实业，办教育，旨在救国"，不仅是他事业的指南，更是他慈善之路的灯塔。2008 年，他将这份信念付诸行动，注册成立了"中华红丝带基金"，致力于构建一个全方位的艾滋病防治救助体系，以实际行动诠释了什么是"立体化布局"。

许荣茂持续捐赠世茂爱心医院项目，推动健康乡村建设，目前世茂爱心医院已超过 100 家，服务人口超过 2000 万。此外，他积极响应国家精准扶贫的号召，对爱心医院开展新一轮扶持，捐赠的医疗器械市场价值近 650 万元。

在教育领域，许荣茂同样慷慨解囊。他援建了南京和厦门世茂彩虹重症儿童安护中心，累计捐赠超过 1850 万元，推动儿童临终关怀事业发展。他的"眼镜哥哥"爱心行动已与国内 10 家大型儿童医院合作，累计捐赠 2722 万元，帮助困境儿童 514 人次。

这位心怀天下的企业家，以他的实际行动，不断向社会传递着正能量。正如他所言："真诚感谢社会各界和主办方再次给我如此殊荣。站在新时期和新格局的时代背景下，面对国际和国内各种新挑战的考验，更加感受到'艰难方显勇毅、磨砺始得玉成'的真理。"

黄如论是世纪金源集团董事局主席，以其慷慨解囊和慈善义举在"中国慈善榜单"上留下了浓墨重彩的一笔。他的人生故事，是一部充满奋斗与奉献的史诗。黄如论出生于福建的小渔村，童年的艰辛锻造了他坚定的意志和改变命运的决心。他的成功并非偶然，而是源于他的智慧、胆略和不懈的奋斗。

　　黄如论不仅在商业上取得了巨大成功，更将善行融入生活，将个人财富转化为社会价值。据已公布的数据，黄如论历年来累计捐赠金额高达 66 亿元，捐赠过慈善项目千余项，做慈善的时间跨度三十余年。他的慈善版图极为广阔，从教育事业到医疗救助，从扶贫济困到文化传承，体现了他的大爱无疆和家国情怀。

　　2008 年四川汶川地震发生后，黄如论慷慨捐资 1400 万元人民币，成为突出的侨商代表之一。黄如论的慈善行为，展现了他作为企业家的慈善情怀和社会责任的担当。

　　黄如论先生的慈善理念深受家族影响，他曾表示："我认为，无论社会如何发展，道德、良知和善良都是应该坚持与秉承的。"他的慈善行为，不仅帮助了无数需要帮助的人，更为社会树立了榜样，传递了正能量。

　　在教育领域，黄如论、黄涛家族捐资 1.6 亿元用于农村基础教育建设，向北京大学医学部捐赠 5000 万元，向中南大学湘雅医学院捐赠 1000 万元，向清华大学捐赠 2 亿元建设艺术博物馆并捐赠 5000 万元成立"清华大学艺术博物馆战略发展基金"。

　　黄如论先生的慈善行为，是对社会责任的深刻理解和积极履行。这些企业家的事迹激励着更多的企业家投身于社会公益事业，为社会的和谐发展作出贡献。正如许荣茂所言："企业的成功离不开国家和人民的支持。三十多年来，我和世茂集团积极投身于精准扶贫、文化保护、香港社会和谐等多个公益领域，以爱心点燃希望，以责任振兴中华。"

曹德旺是福耀玻璃工业集团股份有限公司的掌舵人，不仅以其卓越的商业才智赢得"玻璃大王"的美誉，更因他那颗赤诚的慈善之心被誉为"慈善大王"。自 1983 年首次捐款以来，曹德旺的个人捐款累计已达到 160 亿元，他坚信财施不过是"小善"，而他所追求的，是更为深远的社会责任和内心修为。

曹德旺的慈善之路，是一条深植于心的修行之旅。他曾说："慈善远远不是大把地捐款，慈善更是一种人生的态度，是一种修行。"正是这样的人生态度，引领着他在慈善事业上不断前行。2010 年，他创办了中国首家以金融资产（股票）运作的全国性非公募基金会——河仁慈善基金会，进一步拓宽了他的慈善版图。

2021 年 5 月，河仁慈善基金会宣布计划出资 100 亿元，投入筹建福耀科技大学，这不仅是对教育事业的巨大贡献，更是曹德旺慈善理念的具体实践——以教育的力量推动社会进步。

曹德旺的慈善行为，不仅限于金钱上的捐助。他曾表示："做慈善不仅仅是捐钱，还要倾听他们的诉求。"这种以人为本的慈善方式，让他的善举更加贴近人心，更具有温度。他的慈善事业，涵盖了教育、医疗、救灾、扶贫等多个领域，真正体现了他对社会责任的深刻理解和承担。

在曹德旺看来，做好企业，做大做强企业，是最基本、最大的慈善，因为它能创造更多的就业岗位，能实现更多的税收。他的这种理念，不仅推动了福耀玻璃集团的持续发展，也为社会的和谐与进步作出了积极贡献。

古往今来的商人，在自己做大做强之后都热衷于慈善事业。一个人只有心怀天下、心怀大众，他的商业之路才会走得更平坦。否则，一个自私自利、心中只有自己的人，又怎能历经残酷的商业竞争，存活下来呢？